COLLECTION **MIEUX SE CONNAÎTRE**

Laurent Combalbert

Devenez meilleur négociateur que votre (ex) conjoint !

De la séduction à la séparation, tout est négociation !

esf
EDITEUR

Direction éditoriale : Sophie Courault
Responsable éditoriale : Virginie Hamelin
Coordination éditoriale : Maud Taïeb
Relecture-correction : Annabelle Biau-Weber, Laurence Petit
Mise en page : Chloe Sadoun, polnor@wanadoo.fr
Illustrations : Jean-Louis Cornalba

Division d'Intescia
52, rue Camille-Desmoulins, 92448 Issy-les-Moulineaux Cedex

ISBN : 978-2-7101-2626-3

www.esf-editeur.fr

COLLECTION **MIEUX SE CONNAÎTRE**

Mieux se connaître et rééquilibrer sa vie pour être en harmonie avec soi-même, tel est le défi auquel chacun aspire.

Cette collection s'adresse à toutes les personnes en quête d'épanouissement personnel et de bien-être.

Rédigé par des experts reconnus, chaque ouvrage traite avec clarté un thème essentiel de développement personnel. Forts de leur riche expérience professionnelle, les auteurs proposent à l'appui de leurs propos des exercices et des mises en situation.

Le lecteur devient ainsi l'acteur de son changement.

Retrouvez les autres titres de la collection :
S'estimer pour réussir sa vie
Soyez un stressé heureux
La magie des émotions
Devenez meilleur négociateur que vos enfants !
Donnez du sens à votre vie avec la méthode N.E.W.S.™
La méditation de pleine conscience pas à pas
Vivre le bonheur !

INTRODUCTION

De la drague à la séparation, tout est négociation

« Relève le siège de la cuvette des toilettes, et je refermerai le tube de dentifrice ! » Qui n'a jamais entendu cette phrase, ou une autre très approchante, lors d'une discussion de salle de bains ? Qui n'a jamais eu à convaincre l'autre que les vacances à la mer, c'est mieux que les vacances à la montagne ? Qui n'a pas eu à déployer tous les arguments à sa disposition pour tenter d'éviter le gigot du dimanche dans la belle-famille afin de regarder la Formule 1 dans le canapé ?

Persuadé que la négociation est partout, j'ai passé au crible des meilleurs référentiels de négociateurs professionnels les situations de la vie de couple, de la première rencontre au divorce potentiel, en passant par les relations avec la belle-famille ou les ex de votre conjoint. J'en suis arrivé à ce terrible constat : de la séduction à la séparation, tout est négociation !

Alors que j'animais une conférence sur la négociation auprès d'un club de femmes dirigeantes, j'évoquais des sujets qui me sont chers : définition d'un objectif commun, volonté de trouver une issue favorable à toutes les parties prenantes, transparence et honnêteté dans la gestion des conflits, respect des engagements dans la durée… À l'issue de mon intervention, la séance d'échanges avec la salle s'est ouverte. Alors que j'attendais des interrogations sur des négociations liées au monde des affaires, les deux premières questions posées par les participantes nous ont occupés pendant plus de trois quarts d'heure : « Peut-on négocier avec son conjoint ? »

et « La drague, est-ce de la négociation ? ». Frustré par le manque de temps consacré à ces réponses, j'ai passé une bonne partie de la nuit qui a suivi à reprendre mes référentiels de négociation pour les appliquer à la vie conjugale.
J'avais déjà effectué ce travail pour la négociation avec les enfants[1], mais je n'avais pas essayé avec les conjoints. Et cela marche !

La négociation est omniprésente dans notre vie quotidienne, mais de là à vouloir la transposer à la vie conjugale au sens large du terme, il y a un grand pas… que nous allons franchir allègrement. Négocier, c'est « rechercher un accord entre deux ou plusieurs parties ayant potentiellement des objectifs différents, mais qui souhaitent s'entendre sur un résultat commun, durable et au bénéfice de tous ». N'est-ce pas là l'objectif de deux personnes qui fondent un foyer et qui espèrent que cela durera toute la vie ?

Toute vie de couple est faite de temps calmes, de jours heureux, et de tempêtes orageuses qui passent en un instant ou qui s'installent dans la durée. Les conflits sont plus ou moins graves, ils prêtent à sourire ou tirent des larmes, ils agacent quelques minutes ou rendent la vie commune impossible. Or, le conflit, ce n'est pas le combat.
J'ai eu l'occasion de constater que, même dans les pires situations, la négociation est un outil extraordinaire qui, lorsqu'elle est pratiquée avec éthique et bonne foi, permet de ramener la paix et de construire sur des bases solides. Quand je suis face à une situation difficile dans le cadre de mon activité de négociateur professionnel,

[1] Laurent Combalbert, *Devenez meilleur négociateur que vos enfants !*, Issy-les-Moulineaux, ESF, 2013.

je me pose toujours cette question : « Quel est le prix de ne pas négocier pour trouver un accord satisfaisant pour tout le monde ? » Dans ma vie de couple, quand un conflit se fait jour, je me pose exactement la même question, et la réponse me ramène toujours vers la recherche d'une solution pacifique, vers l'écoute de l'autre et vers l'échange constructif.

Cet ouvrage n'est pas un livre de psychologie, ni un traité de thérapie de couple, encore moins un guide pour organiser son divorce sans y laisser toutes ses plumes. Ce livre n'a pas d'autre vocation que de mettre à la disposition de tout un chacun les réflexes et les bons comportements à adopter au quotidien pour fluidifier les relations au sein du couple et éviter ou résorber les conflits de la manière la plus pacifique qui soit.

SOMMAIRE

LES OUTILS DU BIEN-ÊTRE

Les autodiagnostics

Les exercices

1

Avant de devenir des conjoints

Dans notre vie personnelle ou dans notre activité professionnelle, nous passons un temps considérable à tenter de séduire quelqu'un ou à espérer être remarqué par lui : l'enfant qui séduit ses parents pour obtenir ce qu'il veut, le commercial qui séduit son client pour signer un contrat, le cadre qui séduit son patron pour obtenir l'avancement auquel il aspire… Mais, parmi toutes ces activités de séduction plus ou moins conscientes et/ou organisées, il en est une qui apparaît toujours plus complexe, plus mystérieuse, plus stressante que les autres : la séduction amoureuse.

Le pari de comparer négociation et séduction est osé, mais les pages qui suivent montreront leurs nombreux points communs. Nous verrons également comment un référentiel créé et utilisé par des négociateurs professionnels pourrait être utilisé par la plupart des séducteurs et des séductrices.

Drague et négociation, même combat ?

Avant de devenir des conjoints et d'imaginer la construction d'une famille et d'un foyer, il est primordial de découvrir et de conquérir celui ou celle qui va partager notre vie.
Les étapes de la séduction dans le monde animal sont, à quelques exceptions près, des parades universelles : le paon fait sa roue pour montrer sa prestance, le cerf brame au cœur de la forêt pour affirmer son pouvoir territorial, les saumons changent de couleur au moment de la période de reproduction… Selon leur espèce et l'environnement dans lequel ils évoluent, les animaux ont des rituels de séduction induits par leur instinct : les codes sont figés et celui qui ne s'y soumettrait pas aurait beaucoup de mal à faire survivre sa lignée.
L'espèce humaine possède un avantage majeur dans le cadre de la séduction amoureuse : nous pouvons l'envisager avec une grande diversité de stratégies, des plus classiques aux plus excentriques. Et quand on dit excentrique, certains n'ont aucune limite dans ce domaine : nous avons tous le souvenir d'un « plan drague » que nous souhaiterions oublier tant nous avons été soit simplement ridicule, soit complètement décalé !

EXERCICE

Le pire plan drague !

Quel a été le pire plan drague que vous avez tenté ?

Quel est le pire plan drague dont vous avez été victime ?

Quel est le pire plan drague que l'on vous a raconté ?

La Saint-Valentin, célébrée tous les ans comme la fête des amoureux, tire son origine d'une tradition du Moyen Âge fêtée le 14 février et marquant le début de la période des amours chez les oiseaux. Mais quand on sait que Valentin était, quant à lui, un martyr romain du IIIe siècle, faut-il en déduire que l'amour fait de nous des martyrs ?

L'entreprise de séduction est un phénomène tellement complexe qu'il n'est pas imaginable de la ramener à la simple négociation. Cependant, la négociation est un véritable outil de séduction.
Examinons les définitions. **La négociation** consiste à démontrer un objectif partagé, identifier les réticences de l'autre, lever les contraintes, argumenter son point de vue, aboutir à un accord sur un projet commun en amenant l'autre à rejoindre une position qui puisse satisfaire tout le monde. **La séduction**, quant à elle, désigne un procédé ayant pour objectif d'attirer l'attention et de susciter l'attirance d'une ou plusieurs personnes. Ce terme, issu du latin *seducere*, exprime littéralement l'action de « mettre à l'écart », de faire sortir du lot.
Tout comme la négociation, qui est parfois reléguée à une pratique visant à obtenir de l'autre ce qu'il n'aurait pas donné naturellement, la séduction peut aussi être connotée négativement quand quelqu'un raconte comment il a été séduit par un escroc pour lui soutirer de l'argent. Du point de vue de la religion, la séduction est souvent considérée comme une forme de tentation, une sollicitation pour commettre un « péché de chair » et se détourner du droit chemin. Malgré tout, associé à quelques personnages célèbres, le qualificatif de séducteur ou de séductrice garde une connotation plutôt élogieuse. Pour vous en convaincre, mesdames, tentez l'expérience suivante : approchez-vous de votre conjoint et susurrez-lui à l'oreille : « Tu es un véritable don Juan. » Vous devriez voir un grand sourire plein de confiance apparaître sur son visage !

Attirer l'attention et l'intérêt de l'autre, identifier des points de convergences pour imaginer un intérêt collectif, créer une relation de confiance pour le bien des parties prenantes, autant d'objectifs communs entre séduction et négociation !

Il est d'ailleurs intéressant de comparer les profils des bons négociateurs et ceux des bons séducteurs : ils sont en tous points identiques !

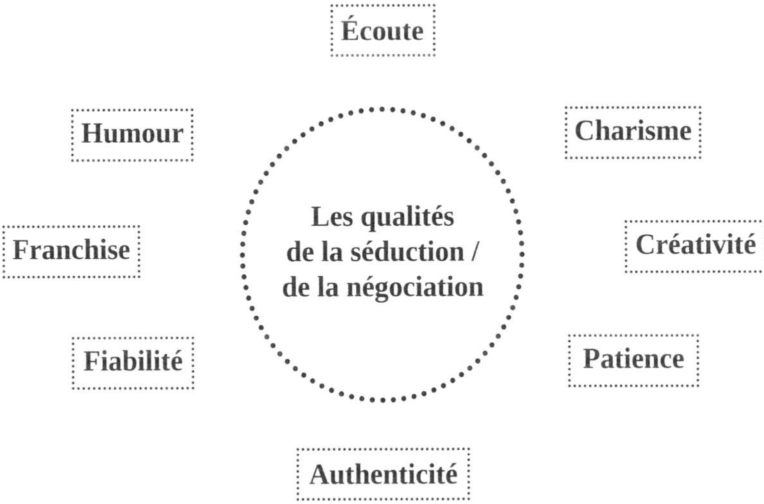

TOUT EST AFFAIRE D'OBJECTIF PARTAGÉ

Les « praticiens » de la négociation ont coutume de dire qu'il n'y a pas de négociation si les protagonistes ne partagent pas au moins un objectif commun. Cet objectif peut être identifié dès le début de l'interaction des parties prenantes, ou bien démontré par l'une des parties à l'autre dans le cadre des premiers échanges. Les « praticiens » de la drague pourraient en dire de même : si la personne que vous tentez de séduire ne partage pas au moins un objectif commun à l'issue de la soirée, il n'est pas hasardeux de dire que l'affaire est mal engagée.

« **François** en a fait l'amère expérience : lors d'une soirée chez des amis, j'ai eu l'occasion de dîner à côté d'une charmante jeune femme. Nous avons engagé la conversation et, au fil des heures, nous nous sommes aperçus que nous partagions de multiples points communs : nous venions de la même région du sud de la France, nous pratiquions régulièrement le jogging, nous avions le même goût pour le cinéma d'anticipation... Le contexte ne pouvait pas être plus favorable à une « approche » de ma part, car j'avais vraiment très envie de la revoir, et même de la raccompagner ce soir-là. Et c'est là que j'ai découvert une faille dans mon plan : elle m'a avoué qu'elle préférait les filles aux garçons ! Douche froide : nous partagions beaucoup de choses, mais nous n'avions pas du tout le même objectif pour la fin de la soirée ! »

Quand il s'agit de négociation, l'existence d'un objectif partagé n'est pas anodine, c'est même la source de la plupart des malentendus dans ce type de situation : si je ne connais pas l'objectif que je cherche à atteindre, il me sera difficile de trouver la stratégie la plus appropriée. Il en est de même pour la séduction : se mettre en quête de l'amour de sa vie, ce n'est pas tout à fait la même chose que chercher l'aventure d'un soir.

Pour un soir ou pour la vie ?

Le quiproquo le plus fréquent dans une relation de séduction, tout comme dans la conduite d'une négociation, est que les protagonistes ne cherchent pas la même chose ! Quand ce défaut d'objectif commun est identifié dès le début, personne ne perd son temps et la relation s'arrête là. Mais quand les choses ne sont pas claires, ou que les objectifs ne sont pas réellement identifiés ou exprimés, c'est souvent le début des malentendus, parfois dignes des meilleures pièces de théâtre de boulevard.

La stratégie de négociation doit être adaptée à l'objectif recherché, c'est là un des éléments de base de toute préparation d'une négociation. Et si on observe les stratégies de négociation les plus courantes, et ce quel que soit le domaine (commercial, RH, social, etc.), on peut en dénombrer cinq majeures : le positionnisme, le concessionisme, la coopétition, la coopétition simulée et la coopétition avec création de valeur. Si on compare ces stratégies de négociation avec celles qui sont utilisées par les dragueurs de tout poil ou les personnes à l'origine de leurs tentatives de séduction, elles correspondent peu ou prou.

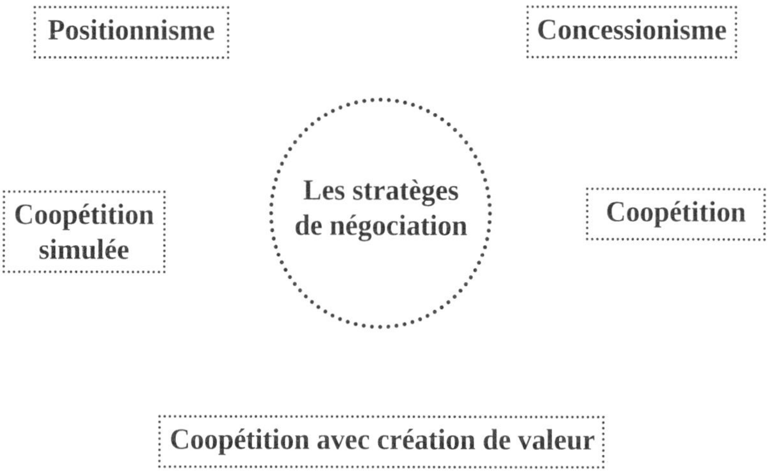

● **Le positionnisme :** une des parties exprime sa position et il n'est pas question d'en sortir. « Ne vous épuisez pas pour rien, je n'ai pas l'intention que vous me raccompagniez ce soir. » Une telle affirmation prédit une séduction difficile et met généralement fin à toute tentative. Attention, cependant ! Le positionnisme peut être une stratégie de façade, pour tester la détermination de l'autre ou pour renforcer son désir de convaincre : n'abandonnez pas au premier obstacle si vous êtes vraiment déterminé(e), mais n'insistez pas non plus si vous voyez que cela ne mène à rien, vous ne pourriez que passer pour quelqu'un d'un peu « lourd ».

- **Le concessionisme :** une des parties est prête à faire des concessions dès les premiers instants, sans réelle contrepartie. Quand un simple échange de regards complices est une invitation à la séduction, et que les personnes en présence n'ont qu'une envie, c'est de s'éclipser discrètement dans un lieu plus tranquille, le concessionisme est une stratégie appropriée : « Si tu me proposais d'aller boire un verre dans un endroit plus tranquille, je crois que je dirais oui. »

- **La coopétition :** les parties n'ont pas clairement identifié un objectif commun (elles sont en compétition), mais au fil des discussions, elles arrivent sur un terrain d'entente (elles entrent en coopération). L'enchaînement de ces deux phases, appelé coopétition, est une stratégie de séduction vieille comme le monde. J'arrive à convaincre l'autre, qui ne le souhaitait pas forcément au début, que nous pourrions faire un bout de chemin ensemble. Si les objectifs s'accordent et qu'ils sont sincères, ce peut être le début d'une longue histoire d'amour.

- **La coopétition simulée :** c'est une stratégie très efficace mais qui relève de la tromperie. Une des parties va, en conscience, faire croire à l'autre qu'elle adhère à son objectif alors qu'il n'en est rien. « Moi aussi, je cherche l'amour de ma vie, et je crois bien que c'est toi. » Si l'auteur de cette phrase n'aspire en fait qu'à une relation d'un soir, il va tromper l'autre et simuler la coopétition. Cette stratégie est efficace, mais elle ne fonctionne qu'une fois, jamais dans la durée, car elle impacte la confiance pour longtemps.

- **La coopétition avec création de valeur :** c'est le Graal du négociateur, et le rêve de tout séducteur sincère. Après la rencontre, les parties s'aperçoivent qu'en partageant leur quotidien, elles peuvent construire quelque chose qui sera bien au-delà des attentes initiales : le début du grand amour !

Pourquoi me regarde-t-il comme ça ?

Avant d'essayer la moindre stratégie de séduction, il faut tenter d'identifier les objectifs de l'autre pour ne pas se tromper. Il en est de même dans la négociation : tout négociateur un peu aguerri dira que savoir ce que l'autre désire est la chose la plus difficile pour s'assurer de la possibilité de trouver une solution gagnant/gagnant.

> « **Julia** est une femme qui aime séduire : j'avoue qu'étant redevenue célibataire depuis quelques mois, il m'arrive régulièrement de participer à des dîners chez des amis, et d'y rencontrer des hommes qui tentent de me séduire. On dit que je suis plutôt jolie, et j'aime bien attirer l'attention d'un homme, m'apercevoir que je lui plais, et le laisser venir jusqu'à moi pour voir comment il va s'y prendre. Mais je ne recherche absolument pas une relation dans la durée, plusieurs expériences malheureuses m'ont amenée à me méfier de ce genre de rencontre. Dans ces actes de séduction qui ne durent jamais bien longtemps, le plaisir commence en bas de l'escalier et s'arrête quand on entre dans la chambre. »

Pour clarifier les objectifs de la personne que l'on cherche à séduire, il est important de bien différencier plusieurs concepts, comme le ferait un bon négociateur : la position, l'attente et l'enjeu.

- **La position** est ce qui est affiché, clairement, à la partie adverse : « Inutile de perdre votre temps, je n'ai pas l'intention de répondre à vos sollicitations. » Si la position peut être ferme et réelle, elle peut aussi n'être qu'une façade derrière laquelle l'autre se cache, soit pour masquer sa timidité, soit pour susciter le désir de celui qui tente de le séduire. C'est le premier enjeu du séducteur que de savoir identifier clairement l'objectif et la pertinence de la position affichée.
- **L'attente** est l'issue souhaitée par l'autre : on peut s'attendre à une réussite ou à un échec, cela dépend de son degré d'engagement, de conviction ou d'optimisme.

- **L'enjeu :** c'est ce que souhaite l'autre, ouvertement ou secrètement. Cela peut être la recherche d'un véritable amour, ou juste le simple frisson d'être l'objet de la séduction d'un autre.

Pour créer une relation efficace, il est important de ne pas confondre ces trois notions pour avoir la vision la plus objective qui soit sur ce que l'autre souhaite obtenir.

La rencontre émotionnelle

Les négociateurs professionnels ont coutume de dire : « Il n'y a pas négociation s'il n'y a pas d'abord création de la relation. » Or, la relation et la création du lien sur lequel va se construire la confiance nécessaire à des échanges constructifs reposent sur la capacité empathique du négociateur ; il en est de même dans le cadre d'une entreprise de séduction.

L'empathie est la capacité à ressentir l'émotion de l'autre. Tiré du grec *em pathos*, ce terme désigne l'aptitude d'une personne à identifier chez l'autre l'émotion qui l'anime au moment où elle s'adresse à lui. Si je ressens ce que l'autre éprouve, je peux entrer en connexion émotionnelle, développer une relation authentique et lui faire comprendre que je suis sur la même longueur d'onde émotionnelle. Chacun de nous passe son temps à éprouver des émotions qui sont avant tout des messages que nous nous envoyons à nous-même et que nous envoyons à nos interlocuteurs. Ainsi, nous ne nous adresserons pas de la même façon à une personne qui éprouve de la joie qu'à une autre qui ressent de la colère. L'émotion qu'elle va éprouver va nous indiquer sur quel registre nous coordonner pour créer un lien efficace.

Attention, cependant, à ne pas confondre empathie et sympathie : il s'agit de ressentir l'émotion de l'autre sans l'éprouver soi-même. Si je tombe dans la sympathie pour l'autre, je risque d'être emporté par une contagion émotionnelle qui pourrait me faire privilégier la relation au détriment de son objectif.

> « **Rosa** est naturellement sympathique, ce qui lui pose parfois des problèmes : j'ai un collègue de bureau avec lequel je serais bien sortie. J'ai fait en sorte d'être dans son groupe lors du séminaire d'entreprise, et nous avons pu longuement discuter. Il m'a raconté tous ses problèmes, ses histoires avec son ex-femme, ses parents malades, ses ennuis de santé et, au bout d'une heure, j'étais effondrée. Je m'étais tellement collée à ses émotions que je n'avais qu'une envie, c'était de l'aider dans tous ses problèmes... mais je ne souhaitais plus du tout sortir avec lui ! »

La démonstration de l'empathie que nous avons pour la personne que nous souhaitons séduire suscite une forme d'attraction, dans un environnement où beaucoup nient leurs émotions et encore plus celles des autres. Trop souvent considérée comme une marque de faiblesse, l'émotion peine à trouver sa juste place dans les relations humaines alors qu'elle est pourtant l'essence même du facteur humain.

Partager une émotion est un moment extraordinaire, et la séduction d'une personne avec laquelle nous éprouvons le même sentiment est un plaisir rare. Il est donc normal que nous soyons généralement attirés par ceux qui manifestent les mêmes émotions que les nôtres.

Détecter des émotions est un art qui a toujours fasciné, comme si tout le monde avait toujours su que, pour avoir de l'influence sur les autres, il fallait d'abord être capable de connaître l'émotion qui les poussait à agir. Cette pratique de la lecture émotionnelle a été notamment développée par Paul Ekman, psychologue américain qui a longtemps travaillé avec le FBI et qui a inspiré la série *Lie to me*. En France, c'est Marwan Mery[1], négociateur professionnel, qui est le plus avancé en la matière et qui a identifié une multitude de signes faciaux permettant de lire l'émotion de l'autre très rapidement. Que ce soit pour la négociation ou pour la séduction, il est facile d'imaginer à quel point ces techniques sont utiles, voire même indispensables.

[1] Marwan Mery, *Manuel de négociation complexe*, Paris, Eyrolles, 2013.

AUTODIAGNOSTIC

Êtes-vous un(e) séducteur(trice) né(e) ?

Répondez le plus spontanément possible aux questions suivantes en cochant les cases de 1 à 10 (1 : Ce n'est pas du tout mon cas ; 10 : C'est tout à fait moi).

	1	2	3	4	5	6	7	8	9	10
Vous aimez plaire aux gens qui vous entourent.										
Vous savez prendre du temps pour écouter les autres.										
Vous êtes sûr(e) de vous.										
Vous voyez facilement si vous plaisez aux autres.										
Vous savez exactement ce que vous cherchez quand vous tentez de séduire.										
Vous savez écouter les autres pour qu'ils se sentent en confiance.										
Vous parvenez naturellement à comprendre le point de vue des autres.										
Vous parvenez facilement à accepter le point de vue des autres.										
Vous reconnaissez facilement que vos émotions ont une influence sur votre comportement.										
Vous respectez les autres et vous leur manifestez des égards.										
Vous savez gérer vos émotions.										
Vous savez que votre affect vous rend plus efficace à condition de ne pas vous laisser submerger.										
Vous n'aimez ni tricher ni mentir.										
Vous savez vous arrêter si votre entreprise de séduction ne fonctionne pas.										

RÉSULTATS :

Les croix entre 7 et 10 indiquent votre appétence à la séduction et votre capacité à utiliser les connexions émotionnelles pour séduire.

Les croix entre 4 et 6 indiquent vos points forts qui ne demandent qu'à être perfectionnés pour vous rendre encore plus efficace.

Les croix entre 1 et 3 indiquent vos points d'amélioration et les thèmes sur lesquels vous devez être attentif lors de vos prochaines entreprises de séduction.

SÉDUIRE, CE N'EST PAS FAIRE N'IMPORTE QUOI POUR ARRIVER À SES FINS

Comme il existe une éthique de la négociation, il existe également une éthique de la drague. Elle peut être définie comme la discipline morale qui a pour but d'indiquer comment nous devons nous comporter et agir avec ceux qui nous entourent. Dans le cadre de leur entreprise de séduction, les hommes et les femmes devraient faire preuve d'une réelle éthique pour ne pas galvauder cette pratique et lui garder son caractère authentique et romantique.

> « **Gérald** a toujours été un gentleman : j'ai toujours refusé de séduire pour le fun. J'ai beaucoup d'amis qui s'amusent à draguer, qui ne recherchent rien d'autre que le plaisir du chasseur, la satisfaction d'avoir « emballé », comme ils disent. Ce terme en dit déjà long sur leur sens de l'éthique et le respect qu'ils portent aux autres. Pour ma part, je ne tente jamais de séduire quelqu'un si je n'ai pas un vrai feeling, un « coup de cœur », une véritable attraction, même fugace. Je passe parfois pour un timide, mais j'ai toujours privilégié la qualité à la quantité. »

La drague n'est pas un concours de chasse

Tout comme on ne négocie pas pour le simple plaisir de négocier, la séduction ne devrait pas exister par elle-même, sans un objet précis. En d'autres termes, la séduction n'est pas un concours de chasse, une course aux trophées, une course aux aventures d'un soir, « juste pour le fun ».

Il existe de nombreuses motivations pour ces dragueurs et dragueuses « sportifs », et bien peu sont en phase avec la recherche d'un véritable amour ou d'une relation sincère. Nous pouvons mettre en lumière plusieurs des motivations les plus fréquentes :

- **Se rassurer :** « Je peux encore séduire ! » C'est souvent la caricature de ce désir qui est montrée dans les films mettant en scène un homme approchant la cinquantaine et divorçant pour partir à la conquête de jeunes filles ayant la moitié de son âge ! Nous éprouvons tous le besoin de nous rassurer, de nous dire que nous attirons encore le regard des autres. Attention toutefois aux frustrations qui pourraient émerger d'entreprises de séduction uniquement basées sur ce désir.

> « **Françoise** a connu une période semblable : suite à mon divorce, j'avais besoin de me rassurer sur ma capacité à plaire, et je voulais aussi montrer à mon ex que j'étais capable d'avoir très vite quelqu'un d'autre dans ma vie. Bilan catastrophique : j'ai enchaîné les relations sans lendemain, je ne me reconnaissais plus, et je me suis brouillée avec plusieurs de mes proches. C'est quand j'ai décidé de ne plus chercher que j'ai finalement trouvé celui qui partage ma vie aujourd'hui. »

- **Montrer aux copains ou aux copines que nous sommes irrésistibles :** « Je peux avoir qui je veux, regardez ! » Généralement, l'objet de la séduction est le seul à ne pas savoir qu'il est une simple cible, un potentiel trophée et rien d'autre. Le retour à la réalité est souvent dur, et c'est à ce moment-là que le séducteur ou la séductrice disparaît. Les personnes qui draguent sur ce mode passent souvent la plupart de leur temps à se vanter auprès de leurs amis et collègues. Attention ! Tout comme en négociation, celui qui se vante de ses succès est sur la voie du déclin.

> « **François** est entouré de collègues de bureau qui ne pensent qu'à « la chasse aux filles » : j'ai horreur du lundi matin autour du café avec plusieurs de mes collègues. J'ai l'impression d'assister à la présentation d'un tableau de chasse après une battue. Chacun raconte sa soirée du vendredi ou du samedi, donne à peine le prénom de sa conquête, et rentre dans les explications détaillées de la nuit. C'est insupportable. Je ne vois pas ce que cela leur apporte si ce n'est se coller une sale réputation au bureau : au lieu de passer pour des don juans, ils sont tous taxés d'être des machos prêts à sauter sur tout ce qui bouge ! »

• **La séduction compulsive :** « Je ne peux pas m'en empêcher. » Pour certains, c'est plus fort qu'eux, ils doivent séduire toutes les personnes qu'ils croisent.

> « **Audrey** connaît ce travers : je ne sais pas pourquoi mais, quand j'ai l'impression que quelqu'un a flashé sur moi, je dois absolument le rendre fou de désir. Cela n'a rien de sexuel, il ne se passe jamais rien après, mais c'est irrépressible. Du coup, j'ai une réputation d'allumeuse, alors que c'est réellement incontrôlable. »

Quoi qu'il en soit, et quelle que soit la motivation du séducteur ou de la séductrice, il ne faut pas jouer avec les émotions de l'autre au risque de le blesser profondément et pour longtemps : le respect n'est pas un vain mot, il est malheureusement trop souvent oublié.

Respecter l'autre en toutes circonstances

Dans la drague comme dans la négociation, nous sommes toujours trois dans une rencontre : l'autre, moi, et la relation qui nous relie. Cette relation doit être basée sur le respect de l'autre, de sa position, de ses croyances, de ses valeurs.

Le respect est le sentiment de considération que nous portons à quelqu'un, et qui nous amène à le traiter avec des égards particuliers. Quand deux négociateurs se rencontrent, ils échangent sur leurs positions, qui peuvent diverger et qui vont nécessiter un échange de points de vue et de demandes pour trouver un terrain d'entente. Mais il ne peut pas y avoir de négociation sans un minimum de rapport de confiance, qui commence par le respect de l'autre. De nombreuses négociations échouent à cause d'un défaut de respect mutuel entre les parties, par excès de confiance de l'une d'entre elles, par arrogance ou par manque de considération. Dans la séduction, les objets de la négociation sont les sentiments des personnes en présence : il n'est donc pas inutile de rappeler que le respect doit être affiché en tête des règles du jeu, et ne jamais être oublié, quelles que soient les difficultés rencontrées.

La drague passée au crible du référentiel Pacificat®

La négociation, au sens de mettre en présence des intérêts potentiellement divergents pour aboutir à une solution commune, est un outil de drague. Dès lors, on peut se demander si les outils de référence des négociateurs professionnels peuvent fonctionner dans de telles circonstances.

UN RÉFÉRENTIEL DE DRAGUE ?

Pourquoi utiliser un référentiel en négociation ou en séduction ? Ces deux activités trouvent leur fondement dans la matière la plus complexe et la plus aléatoire qui soit : le facteur humain.
On ne convertit pas l'humain en équations mathématiques, et ceux qui s'y sont essayés s'y sont cassé les dents.
De nombreuses méthodes de négociation existent, tentant d'apporter des réponses à des situations données.
Or les négociateurs professionnels qui pratiquent au quotidien savent qu'il n'y a pas de bonne réponse, il n'y a que des bonnes questions.
Chaque situation étant différente, c'est dans le cas d'espèce que l'on trouvera la réponse, et non dans une procédure magique et proposant des réponses sans qu'aucune question n'ait été posée.

« Si je disposais d'une heure pour résoudre un problème et que ma vie en dépende, je consacrerais les cinquante-cinq premières minutes à définir la question appropriée à poser, car une fois cela fait, je pourrais résoudre le problème en moins de cinq minutes. »
Albert Einstein

Le référentiel PACIFICAT®, outil de négociation

Le référentiel PACIFICAT® est l'outil de référence des négociateurs professionnels spécialisés en négociations complexes. Créé par l'Agence des négociateurs (ADN[2]), il est utilisé dans de nombreux domaines de la négociation : négociations sociales, relations commerciales, relations interpersonnelles, gestion des conflits et des incivilités, etc.

Beaucoup de personnes négocient en imaginant que ce n'est pas bien compliqué, et qu'il suffit d'avancer dans la conversation pour arriver à son objectif. La matière est pourtant un peu plus compliquée que cela, et la préparation est une étape incontournable pour qui veut être efficace.

Dans le cadre du référentiel PACIFICAT®, nous enchaînons un certain nombre de questions pour comprendre notre position, l'environnement de la négociation, l'organisation de la partie adverse, ses attentes, la stratégie la plus adaptée, les outils d'influence à utiliser. Ces questions n'ont pas de bonnes réponses, elles n'ont que des réponses adaptées au cas d'espèce. Le référentiel, organisé en acronyme autour de 9 thèmes, comprend plus de 60 questions. En voici quelques-unes qui servent dans presque toutes les situations de négociation.

- **Pouvoirs en négociation :** quels sont mes pouvoirs institutionnel, situationnel, relationnel et personnel ?
- **Analyser le contexte :** combien de temps ? quels sont les objectifs de l'autre ?
- **Cartographier les acteurs :** qui est en face de moi ? quelles sont les relations des parties prenantes ?
- **Identifier la stratégie :** comment parvenir à mon objectif ?
- **Former l'équipe :** comment agir à plusieurs ? qui fait quoi ?
- **Influencer pour convaincre :** sur quels ressorts jouer pour convaincre ?
- **Clôturer :** à quel moment conclure ? comment le faire ?
- **Apprendre de l'expérience :** quelles leçons tirer de cette négociation ?
- **Transmettre le savoir :** que puis-je transmettre à d'autres de cette expérience ?

[2] www.adn-nego.com

Le référentiel PACIFICAT®, outil de séduction ?

Lors d'une conférence sur le thème de la relation, pendant laquelle était présenté ce référentiel, nous avons été interpellés par des participantes qui, sous couvert d'une boutade, nous ont demandé si PACIFICAT® pouvait servir à séduire son futur conjoint. Nous avons pris cette remarque au mot, et nous avons transposé les questions que nous nous posons généralement pour préparer nos négociations à un environnement de drague. Et, à notre grande surprise, c'est parfaitement transposable ! En voici une démonstration.

Imaginons un jeune homme qui tente de séduire lors d'une soirée étudiante. Voici les questions qu'il pourrait se poser :

- **Pouvoirs en négociation :** sur quel pouvoir jouer ce soir ? J'ai un pouvoir institutionnel fort, car je suis en quatrième année, et beaucoup de jeunes étudiantes présentes ne sont qu'en première ou deuxième année : je bénéficie d'une aura favorable. J'ai également un pouvoir situationnel important, car c'est une soirée rock, et je suis un très bon danseur. Par contre, mon pouvoir relationnel est faible car je suis peu empathique et plutôt timide. Mais j'ai un bon pouvoir personnel, car je me sens en pleine forme et j'ai très envie de plaire ce soir.

- **Analyser le contexte :** combien de temps pour séduire ? Je n'aurai pas beaucoup d'occasions de discuter avec des étudiantes ce soir, il y a beaucoup de monde. Mais je peux les revoir à la fac dans les jours qui viennent, j'aurai donc l'opportunité d'avoir plusieurs contacts, je ne suis pas sous la pression du temps ce soir. Quels sont les objectifs de la plupart des jeunes femmes présentes ? J'espère qu'elles ne sont pas là juste pour une aventure, car je cherche quelqu'un pour partager un bout de chemin avec moi.

- **Cartographier les acteurs :** qui est en face de moi ? Il y a deux étudiantes qui discutent, elles paraissent sympathiques. Elles rient beaucoup, elles semblent heureuses d'être là. Quelles sont les relations entre elles ? Elles on l'air de s'entendre, je peux essayer de discuter avec les deux, même si je suis plutôt attiré par l'une d'elles.

- **Identifier la stratégie :** comment parvenir à mon objectif ? Je ne souhaite pas une aventure d'un soir, je vais d'abord voir si nos caractères s'accordent. Je vais donc juste créer une relation amicale pour en savoir plus et découvrir son caractère.

- **Former l'équipe :** comment agir à plusieurs ? qui fait quoi ? Je suis accompagné de mon meilleur ami qui préfère les garçons. Il n'y pas de concurrence entre nous, je vais lui demander de venir avec moi pour être un faire-valoir dans la discussion.

- **Influencer pour convaincre :** sur quels ressorts jouer pour convaincre ? Ces jeunes filles ont l'air d'aimer rire, je vais m'appuyer sur mon sens de l'humour et de la répartie, cela compensera mon manque naturel d'empathie. Je vais aussi jouer sur l'autodérision en disant que je suis un piètre danseur, et j'inviterai celle qui m'attire pour lui montrer mes véritables talents sur la piste de danse.

- **Clôturer :** à quel moment conclure et comment le faire ? Si je vois qu'elle n'est pas intéressée, je n'insiste pas. Mais si elle me manifeste de l'intérêt, je vais lui proposer de la raccompagner et peut-être l'embrasser avant qu'elle ne rentre chez elle.

- **Apprendre de l'expérience :** quelles leçons tirer de cette négociation ? Je verrai si mon approche indirecte fonctionne, et si elle ne marche pas, j'éviterai de l'utiliser dans ce type de circonstance.

- **Transmettre le savoir :** que puis-je transmettre à d'autres de cette expérience ? Mon jeune frère entrera à la fac l'année prochaine, j'espère que je pourrai lui enseigner quelques techniques de séduction.

Posez-vous ces questions lors de votre prochaine entreprise de séduction, et vous verrez !

ENTRE MÉTHODE ET SPONTANÉITÉ

Nombreuses sont les méthodes de négociation qui nous enferment dans des processus cloisonnés, avec une bonne réponse pour une situation donnée, et des techniques d'influence intéressantes mais trop souvent à peine effleurées. C'est l'exemple type de cet enfermement qui nous est montré lorsque nous allons acheter une voiture, par exemple : beaucoup de vendeurs automobiles ont été formés aux techniques de vente, mais ils les appliquent sans aucune authenticité, en alignant les tactiques les unes derrière les autres, transformant les fils de la relation en grossière ficelle.

S'il est important de se poser les bonnes questions avant toute action de séduction, il ne faut pourtant pas s'enfermer dans l'application mathématique de méthodes ou de conseils.

Les ingrédients de la séduction sont l'émotion, le désir, le plaisir, l'impatience, la peur, autant de matières souples et floues qu'on ne peut pas doser précisément. La séduction passe aussi par un sourire, un échange visuel furtif plein de promesses ou d'interrogations. Personne ne peut décider de dilater sa pupille pour montrer à l'autre le désir qu'il lui inspire, ou maîtriser les sentiments qu'il va laisser paraître pour créer cette connexion émotionnelle si fragile et pourtant si forte. Laisser aussi parler votre spontanéité : la séduction, à l'instar de la négociation, c'est 80 % de préparation pour 20 % d'improvisation. Il est impossible de tout contrôler, alors laissez-vous aller et soyez vous-même !

« **Marlène** n'arrive pas à se contrôler : quand j'ai rencontré mon mari, nous étions tous les deux de jeunes médecins internes à l'hôpital. Lors d'une soirée entre amis, nous nous sommes rapprochés, nous étions mutuellement très attirés l'un par l'autre. Pour ne pas passer pour une fille délurée, j'ai décidé de peu parler, de ne pas laisser paraître mon attirance, et même de me montrer un peu froide. Mais je suis naturellement très prolixe, et je n'ai pas pu me retenir : je me suis mis à raconter des tas d'histoires, à passer d'un sujet à un autre, et j'ai eu l'impression de passer pour une folle aux yeux de tous. À la fin de la soirée, j'étais persuadée que je m'étais complètement discréditée. Or, mon futur mari m'a rappelée le lendemain, nous sommes ensuite sortis ensemble, et il m'a avoué que c'est mon côté « fofolle » qui l'avait séduit. Heureusement que je n'ai pas pu me contrôler jusqu'au bout ! »

Ne pas tricher

Le terme de négociation a la fâcheuse tendance à nous conduire sur les pentes de la compétition dans laquelle il y a un gagnant et un perdant, et pour laquelle le mensonge et la triche peuvent être des moyens acceptables. C'est faux ! Si la négociation est un moyen de trouver des issues favorables à toutes les parties prenantes, elle cherche à le faire sans tordre la réalité des perceptions ni contraindre l'autre par des manœuvres dolosives. Contrairement à une perception trop largement répandue, l'hypocrisie n'est ni un outil de négociation, ni un outil de séduction non plus. L'*hypocritès*, terme grec qui signifie littéralement « sous le masque », implique la dissimulation des intentions ou des émotions de l'un au détriment de l'autre. Commencer une relation en se dissimulant sous des traits qui ne sont pas les siens, c'est partir sur une voie de laquelle il sera difficile de sortir.

« **Maxime** a vécu une situation inextricable : lors d'une soirée, j'ai été attiré par un homme et je sentais que je ne le laissais pas indifférent. Nous avons discuté, tout se passait bien, mais sa situation professionnelle était bien meilleure que la mienne. J'ai alors décidé de mentir, pour me mettre à son niveau. Je pensais que cela me permettrait de le séduire. Cela a bien marché, nous nous sommes revus plusieurs fois. Mais je ne pouvais plus faire machine arrière, j'ai été obligé de m'enfermer dans mon mensonge, jusqu'au jour où il a découvert la vérité : cela fut notre dernier jour ensemble... »

L'authenticité est un gage de durabilité de la relation, que ce soit dans la négociation ou dans la vie de couple : soyez vous-même, cela se verra immédiatement et vous n'aurez pas à vous enfermer dans un costume qui n'est pas taillé pour vous.

> *« Il n'existe que deux manières de gagner la partie : jouer cœur ou tricher. »*
> *Jean Cocteau*

Faire confiance à la sérendipité

Le terme « sérendipité » a été créé par Horace Walpole pour désigner des « découvertes inattendues, faites par sagacité accidentelle[3] ». Ce romancier politicien anglais s'était inspiré du titre d'un conte persan qui retrace les aventures des trois princes de Serendip[4], dans lequel les héros ont fait toutes sortes de trouvailles qu'ils ne cherchaient pas du tout.

John Lennon disait : « La vraie vie, c'est quand rien ne se passe comme prévu. » Il en est de même pour la séduction. Les plus belles rencontres sont souvent celles qui sont inattendues, surprises, imprévisibles. Ceux qui se mettent en quête de l'âme sœur et qui dressent des listes de critères non négociables cherchent souvent longtemps, à l'instar des amateurs de sites de rencontres dans lesquels ils ne trouvent jamais l'autre idéal : « Je ne sortirai jamais avec un homme divorcé », « Impossible pour moi d'être avec quelqu'un qui regarde le foot à la télévision ». N'insultez pas l'avenir, apprenez à négocier avec vos exigences : la personne qui est assise en face de vous est peut-être l'homme ou la femme de votre vie !

Si vous avez réussi votre entreprise de séduction, et si vous pensez avoir trouvé l'âme sœur, vous ne pouvez pas vous tromper : votre cœur bat la chamade quand son nom apparaît sur votre téléphone portable, vous avez explosé votre forfait sms, vos amis vous demandent ce qui a changé en vous, et vous avez décidé de vous remettre à faire du sport. Quelques esprits chagrins diront que c'est à ce moment-là que les ennuis commencent ! Nous préférerons être plus positifs et optimistes : disons que de nouvelles difficultés vont se faire jour, et les négociations commencer. Alors, autant vous y préparer !

---

[3] Lettre du 28 janvier 1754 envoyée à son ami Horace Mann.

[4] Ancien nom du Sri Lanka.

2

Les premiers mois de vie commune

Ça y est, cette fois-ci, c'est sûr : vous avez trouvé le grand amour ! Vous vous êtes rencontrés plusieurs fois, les rendez-vous durent de plus en plus longtemps, les sms s'enchaînent tout au long de la journée, les moments où vous n'êtes pas ensemble sont de plus en plus difficiles… : vous êtes sur la piste d'une vraie belle relation. Il/elle est formidable, rien à changer, vous le/la prenez tel/telle qu'il/elle est !
Qui n'a pas connu ces temps extraordinaires où une simple rencontre se transforme en quelque chose d'autre, un moment d'incroyable intensité, qu'on ne sait pas vraiment définir, mais que l'on voudrait interminable ?

D'ailleurs, l'entourage s'interroge en vous voyant regarder frénétiquement votre téléphone pour répondre à ces messages, qui vous tirent systématiquement un sourire béat : « Alors, c'est sérieux ?!? » Et quand cela devient sérieux, il faut penser à la façon dont les relations vont se modifier et s'engrainer pour que cela puisse durer…

Quand tout est rose

Les premières semaines d'une relation sont des moments à la fois magiques et inconfortables : nous sommes pris entre l'euphorie de l'osmose qui se crée avec l'autre, et l'angoisse du manque et de l'incertitude de pouvoir garder cet être hors du commun pour la vie. Car, disons-le : dans les premiers temps d'une relation, l'autre est formidable, extraordinaire, en un mot : parfait !
La chimie de l'amour n'est pas étrangère à ces sensations. Quand nous sommes amoureux, trois types d'hormones se mettent en action :

- **Les phéromones**, qui affectent une empreinte olfactive personnelle et unique à l'autre. Ces phéromones ont la particularité d'attirer certaines personnes et d'en éloigner d'autres, pour assurer la reproduction de l'espèce et privilégier les personnes ayant des différences génétiques permettant le brassage génétique.
- **La phényléthylamine**, une hormone de la famille des amphétamines, qui déclenche les sensations de plaisir et d'euphorie, et qui nous donne envie de recommencer et de poursuivre la rencontre.
- **Les endomorphines**, qui transforment la passion en attachement : elles ont des effets qui ressemblent à celui des opiacés par leur capacité analgésique et par le fait qu'elles procurent une sensation de bien-être intense.

Loin de nous l'idée de ramener l'euphorie amoureuse à une simple réaction chimique, mais tout n'est pas faux dans l'affirmation « L'amour est une drogue ».

LA RECHERCHE DU « ZÉRO DÉFAUT »

En psychologie, le perfectionnisme consiste à se comporter comme si la perfection pouvait et devait être atteinte : « Cette fois, c'est la bonne : il est parfait, aucun défaut ! » Si seulement c'était vrai… Pourtant, c'est ce que nous souhaiterions quand nous sommes avec quelqu'un pour qui nous éprouvons des sentiments amoureux pour la première fois. Nous aspirons tous à trouver l'âme sœur idéale, parfaite. Et si nous sommes pleinement conscients que la perfection n'existe pas pour les autres, nous espérons tous secrètement que cela sera différent pour notre cas particulier. Heureusement, la perfection n'existe pas. Quel enfer serait votre vie si vous la partagiez avec quelqu'un de parfait, sans défauts ni aspérités…

Attention, car sous sa forme pathologique, le perfectionniste considère que toute imperfection est inacceptable ; il pourra faire tout son possible pour forcer l'autre à changer et gommer ce qu'il considère comme des défauts, avec tous les dangers que cela comporte.

Tu es parfait(e), mon amour

Idéaliser la relation amoureuse qui vient de naître n'est pas un problème en soi. Rechercher la perfection peut en devenir un assez rapidement : la perfection caractérise un être ou un objet idéal, qui réunit tout ce que l'on considère comme des qualités et qui ne présente aucun défaut. Cette recherche du « zéro défaut » a notamment pour objectif d'optimiser la potentielle pérennité de la nouvelle relation. Cela permettrait, entre autres, de réduire l'angoisse de ne pas avoir trouvé la bonne personne, ou de s'être trompé dans cette recherche.

« Lors de la première relation, on cherche la perfection ; lors de la dernière, on recherche la vérité. »
Anonyme

Pour trouver cette perfection, il existe deux stratégies : la première consiste à passer au crible de critères draconiens toutes les personnes que l'on rencontre pour trouver la bonne : une quête qui risque de s'avérer perpétuelle. La seconde stratégie consiste à réduire de manière significative le nombre de ces mêmes critères : cette approche est de loin la plus efficace, car elle laisse une petite place aux défauts de l'autre qui, quand ils sont acceptables, font partie de sa personnalité qui nous a tant attirée.

« Le bonheur n'est pas dans la recherche de la perfection, mais dans la tolérance de l'imperfection. »
Yacine Bellik

À trop chercher la perfection, vous courrez le risque de passer à côté du grand amour. Alors, mettez de côté vos grilles d'analyse trop parfaites, et laissez parler votre intuition !

AUTODIAGNOSTIC

Êtes-vous perfectionniste ?

Répondez le plus spontanément possible aux questions suivantes en cochant les cases de 1 à 10 (1 : Ce n'est pas du tout mon cas ; 10 : C'est tout à fait moi).

	1	2	3	4	5	6	7	8	9	10
Vous pensez que la perfection existe.										
Vous aimez tout planifier à l'avance.										
Vous pensez toujours à tous les détails.										
Vous ne décidez pas tant que vous n'avez pas eu des réponses satisfaisantes à toutes vos questions.										
Vous rangez immédiatement quand il y a du désordre.										
Vous n'êtes jamais en retard, plutôt en avance.										
Vous avez un niveau d'exigences personnelles élevé.										
Votre niveau d'exigence vis-à-vis des autres est élevé.										
Vous identifiez vos défauts.										
Vous identifiez tout de suite les défauts des autres.										
Si quelqu'un a des défauts, il est aisé de le faire changer.										
Vous ne vous contentez jamais du minimum.										
Quand vous échouez, c'est souvent la faute des autres.										
Quand vous réussissez, vous êtes très content de vous.										

RÉSULTATS :

Si votre score est entre 100 et 140, vous êtes très perfectionniste. Attention à ce que cela n'entrave pas votre relation.

Si votre score est entre 60 et 100, vous êtes exigeant(e) sans pour autant que cela soit une obsession.

Si votre score est en dessous de 60, souhaitons que votre partenaire ne soit pas perfectionniste !

Il existe un principe de réciprocité : si vous cherchez la perfection, dites-vous que votre nouveau partenaire la cherche également. Il/elle a également ses propres critères, et s'attend à ce que vous les remplissiez. Alors, êtes-vous le/la partenaire parfait(e) ?

EXERCICE

Dessinez l'autre idéal

Ses qualités physiques :

Ses qualités psychologiques :

Ses valeurs :

Cachez cette page quand vous aurez terminé, vous allez donner des complexes à votre partenaire !

Les biais perceptifs dans le couple

Pour bien négocier, il faut avoir une vision objective de la réalité de la situation et éviter tout ce qui pourrait perturber cette vision. Il en est de même quand nous devons négocier avec notre nouveau partenaire et nous faire une image réelle de sa personnalité, de son caractère, de la personne qu'il représente. Il existe un certain nombre de travers, appelés biais perceptifs, qui nous amènent à voir la réalité comme nous pensons qu'elle est, et pas comme elle est vraiment.

Le plus courant est certainement le **biais de confirmation**. Dans ce cas, seules sont retenues les informations qui confirment une première opinion ou une première perception. Dans les premiers mois d'une nouvelle relation, nous voulons tellement voir ce que nous désirons que nous pouvons, parmi toutes les informations accessibles sur notre partenaire (sa personnalité, ses habitudes…), choisir de ne retenir que celles qui nous conviennent. Nous préférons ne voir que ce qui confirme notre désir d'avoir trouvé un être presque parfait.

> « **Isabelle** a rencontré Marc lors d'un séjour dans un club de vacances : nous nous sommes revus à notre retour à Paris, j'avais l'impression d'avoir trouvé l'homme idéal. Il m'offrait des fleurs, était plein d'attentions. Il avait aussi quelques défauts, mais je les considérais comme minimes car j'avais envie que notre relation se passe bien. Cependant après quelques semaines, j'ai dû me rendre à l'évidence : les petits défauts du début étaient en fait rédhibitoires pour une vie commune et nous en sommes restés là. J'avais choisi de ne voir que les qualités de Marc, pas ses défauts… »

Un autre biais surprenant est la **scotomisation**. Si, dans le biais de confirmation, nous avons conscience de toutes les informations, mais ne choisissons que celles qui nous intéressent, dans la scotomisation, ce choix est fait par notre inconscient. Sans nous en apercevoir, nous allons éliminer inconsciemment les informations qui impactent notre vision parfaite de l'autre. Ce phénomène est redoutable, car imperceptible.

“**Johanna** a été victime de son inconscient : quand j'ai rencontré Lisa, elle était parfaite. Tout ce dont j'avais toujours rêvé : sensible, attentionnée, très amoureuse. Nous avons passé plusieurs semaines extraordinaires. Et puis je me suis aperçu qu'elle était extrêmement jalouse, une jalousie maladive. Elle se moquait que des hommes me regardent, mais dès qu'une autre femme s'approchait de moi, elle se montrait très agressive. En discutant avec des proches, tous m'ont dit avoir constaté cette attitude dès le début de ma rencontre avec Lisa. Mais j'étais tellement amoureuse d'elle que je n'avais rien remarqué du tout.”

Il existe aussi un biais perceptif appelé **erreur de représentation** : la réalité de la situation est réinterprétée en fonction de l'idée que l'on se fait de cette situation. Les informations sont perçues, mais elles sont arrangées pour aller dans le sens de notre souhait, et être en phase avec ce que nous voulons que la réalité soit.

“**Yasmine** reconstruisait sa relation avec son ex-petit ami : dès le début, mon ex s'est montré très critique à mon égard. Ma tenue vestimentaire ne lui plaisait pas, mon maquillage était mal fait, je ne marchais pas de manière assez féminine... Une pluie de remontrances chaque fois que nous étions ensemble. Mes amies me demandaient comment j'arrivais à le supporter, mais je leur répondais qu'il agissait ainsi parce qu'il m'aimait et voulait que je devienne parfaite. En fait, j'avais tellement peur qu'il me quitte que je ne voyais pas la réalité des choses. Et un jour, j'ai réalisé que je ne lui convenais tout simplement pas, et que ses critiques n'avaient rien de constructif. Nous nous sommes quittés le jour suivant...”

Le dernier biais que nous aborderons est **l'heuristique de disponibilité**. Pour juger d'une situation, nous faisons appel aux informations que nous possédons déjà sur des situations similaires. Si ces informations sont relatives à des expériences malheureuses, nous aurons donc tendance à interpréter les expériences nouvelles comme des expériences potentiellement malheureuses.

> « **Fiona** partait toujours perdante : mes expériences amoureuses ont longtemps été catastrophiques, je n'arrivais pas à rester en couple plus de quelques semaines. Quand j'ai rencontré Christophe, je lui ai dit assez rapidement que je n'avais eu que des relations tumultueuses, et qu'il y avait peu de chance que notre histoire dépasse la fin du mois ! Il m'a alors fait parler de mes expériences passées et il m'a dit : « Si tu pars perdante, tu ne gagneras jamais. Oublie ce que tu as vécu avant moi, voyons ce que nous pouvons construire ensemble, et nous verrons bien. » Le fait de verbaliser mes histoires négatives m'a libérée, et aujourd'hui nous sommes toujours en couple. »

Les biais perceptifs nous amènent à percevoir la réalité comme elle ne l'est pas vraiment, mais ils ne sont pas les seuls à nous rendre moins efficaces : l'affect de la relation amoureuse peut aussi faire de nous des négociateurs médiocres.

L'AMOUR REND AVEUGLE… ET MAUVAIS NÉGOCIATEUR

Il est intéressant de constater que, lorsque nous sommes amoureux(se), de quelqu'un, nous avons tendance à avoir pour lui/elle les yeux de Chimène ! L'amour aurait ainsi la faculté de nous rendre mauvais négociateur, l'affect prenant alors le pas sur la raison… et le raisonnable.

Les sciences cognitives ont longtemps eu tendance à vouloir séparer l'affect et la raison. Notre éducation cartésienne n'y est pas pour rien dans cette approche, qui a longtemps prévalu dans la communauté des chercheurs en sciences sociales. Mais le développement des recherches et des études sur les comportements humains ont démontré que l'affect et la raison étaient intimement liés, ce lien étant même considéré comme indispensable à l'adaptation de l'homme à son environnement et donc à sa survie. À la fin du XXe siècle, un champ scientifique baptisé *sciences affectives* s'est développé, avec pour objectif de comprendre les mécanismes inhérents à l'affect et agissant sur nos interactions et nos perceptions du monde.

L'affect correspond à un état affectif, plaisant ou désagréable, plus ou moins intense, qui influence notre comportement. Parallèlement à l'affect, **l'affection** est un sentiment d'attachement que nous éprouvons vis-à-vis d'une personne en particulier, comme c'est le cas dans une relation amoureuse. Or, cet attachement qui pousse l'autre à rechercher la relation et le maintien de celle-ci dans la durée peut nous faire oublier que l'objectif de cette relation est avant tout la vie commune.

Quand la relation prend le pas sur l'objectif de la relation

Dans le cadre d'une relation amoureuse, la subtile alchimie entre affect, affection et émotions a tendance à nous pousser à privilégier la relation au détriment de son objectif : nous voulons tellement que la relation amoureuse se passe bien et qu'elle corresponde à notre souhait de perfection que l'on peut oublier à quoi elle sert, c'est-à-dire à établir un lien équilibré et profitable aux deux parties prenantes du couple.
Ce phénomène est également très présent dans la relation parents/enfants, et peut générer des problèmes de crédibilité. Lorsque l'on veut être aimé par nos enfants, nous pouvons parfois oublier que notre relation est avant tout basée sur l'éducation, et non sur le plaisir. Il en est de même dans le cadre d'une relation amoureuse : la recherche de la relation idéale, voire idéalisée, peut nous amener à transiger sur tout pourvu que la relation se maintienne et ce, parfois au détriment de l'équilibre du couple et du bien-être de chacun.

Attention à la frustration

À trop vouloir idéaliser notre partenaire, on finit par être déçu et désappointé. La comparaison entre ce que l'on a idéalisé et la réalité a tendance à mettre en lumière les défauts de l'autre, jusqu'à nous amener à surévaluer ces défauts pour finalement ne plus voir qu'eux. C'est ce que l'on appelle la primauté de la pierre saillante. On ne va plus voir qu'un seul élément de la personnalité de l'autre qui va contaminer toute notre analyse et notre perception.

« **Michaël** ne voyait plus que les défauts de sa petite amie : au début, j'étais persuadé d'avoir enfin rencontré la femme idéale, et je ne lui trouvais que des qualités. Je voulais tellement ne voir que ses bons côtés que j'ai, volontairement ou non, mis un voile sur ses défauts. La chute a été dure : au bout de quelques semaines, quand l'euphorie de la rencontre s'est dissipée, je ne voyais plus que les comportements qui ne me convenaient pas. Je suis alors devenu insupportable avec elle, et nous avons cessé de nous voir. »

Pour éviter cette frustration, il faut se préparer à la « dure » réalité dès le début.

« C'est ce qu'a fait **Martine** : dès les premiers jours, j'ai vu que Bertrand n'était pas parfait. Et le temps a confirmé cet état de fait : il a des petits défauts qui m'agacent, mais ce n'est pas grave, c'est comme cela que je l'aime. La perfection n'existant pas, je me dis que j'ai l'homme presque parfait ! »

Quand la négociation cède le pas au « concessionisme »

L'amour pourrait donc nous jouer des tours et nous faire perdre notre objectivité ! Si vous en doutiez encore, replongez-vous dans la littérature romantique. On ne compte plus les histoires dans lesquelles un des amants abandonne tout pour les yeux de l'être aimé, et est prêt à tout lui céder en échange de son amour. Il peut arriver que nous vivions aussi nos propres romans d'amour : pour maintenir une vision idyllique de la relation qui commence et que nous voudrions voir durer toute la vie, la tendance à « lâcher » peut être grande, et le « concessionisme » peut devenir la règle.

> « **François** cède tout le temps : avec mon amie, je sais que j'ai perdu d'avance. Comme elle est plus opiniâtre que moi, elle finit toujours par l'emporter, même quand j'ai objectivement raison. Les arguments qu'elle utilise ne sont d'ailleurs pas toujours rationnels : il lui suffit parfois de me sourire en inclinant un tout petit peu la tête pour que je cède. Mes amis m'appellent la guimauve... mais j'assume. »

LES PREMIERS COMPROMIS

Les premières semaines d'une nouvelle histoire d'amour sont propices à tous les compromis : tout doit être fait pour ne pas gâcher les prémices de ce qui sera certainement la rencontre de votre vie. Attendez-vous donc à pratiquer le concessionisme, cette stratégie de négociation qui consiste à céder rapidement sur les demandes de l'autre pour garantir le maintien de la relation.

Il existe plusieurs formes de concessionisme dans la négociation avec votre nouveau partenaire amoureux :

- **Le concessionisme conscient et exprimé :** « Je cède là-dessus, mais sache que c'est exceptionnel, je ne le ferai pas tout le temps. » Cette forme de concessionisme a l'avantage de montrer à l'autre qu'il est gagnant tout en lui indiquant que cela ne doit pas devenir une règle de vie. C'est également les prémices d'une stratégie de coopétition, dans le cadre de laquelle on s'entend pour que chacun fasse un pas en direction de l'intérêt commun.
- **Le concessionisme conscient silencieux :** « D'accord, on fait comme tu le souhaites. » C'est une forme plus insidieuse, car celui qui cède sait qu'il fait un pas vers l'autre, mais sans rien obtenir en retour, ni même le verbaliser. Dans la durée, ce comportement peut

être frustrant, et il sera difficile pour celui qui cède de demander ensuite des contreparties si l'autre prend l'habitude de tout obtenir sans rien donner en échange.

- **Le concessionisme inconscient :** c'est la forme la plus perverse de cette stratégie, car celui qui cède ne s'aperçoit pas de son attitude, jusqu'au jour où il en prend conscience : attention au réveil !

Le dentifrice *versus* le siège de la cuvette des toilettes

Parmi les compromis les plus fréquemment réalisés, il y a ceux qui visent à modifier un comportement désagréable pour l'une des parties : demandez quelque chose en retour !

Dans toute négociation, il faut éduquer les parties à l'échange. Cette approche permet d'informer l'autre qu'un de ses comportements vous dérange sans pour autant l'exposer comme un reproche. C'est une sorte de donnant/donnant pour gommer les défauts les plus saillants :

« J'accepte de lever le siège des toilettes, mais tu refermes le tube de dentifrice quand tu t'en sers, d'accord ? »

Attention, cependant, à ne pas demander une concession trop disproportionnée : « Je mets mes chaussettes dans le panier à linge, mais on arrête d'aller déjeuner chez ta mère tous les dimanches. » Peu de chance que cette dernière requête soit prise au sérieux !

Le shopping *versus* le match du samedi

Une autre forme de compromis consiste à obtenir une « autorisation » de l'autre. C'est une sorte de donnant/donnant positif : « Si tu me laisses jouer au foot samedi, tu pourras aller faire du shopping pendant ce temps-là. » Là encore, les concessions doivent être équilibrées pour être crédibles et applicables dans la durée.

EXERCICE

Les compromis

Quels sont les derniers compromis que vous avez faits avec votre (futur) conjoint ?

- -

- -

- -

- -

- -

- -

LES MOMENTS À RISQUE

Comme toute nouvelle aventure humaine, une relation amoureuse qui prend naissance comporte des moments potentiellement à risque, qu'il faut prendre avec précaution pour qu'ils ne viennent pas couler le navire. Parmi ces rochers sur lesquels la relation peut venir s'échouer, les plus acérés sont la gestion des émotions et des ex de l'autre.

Les humeurs de votre amoureux/se

Les émotions participent à toutes les formes de relations humaines, *a fortiori* quand l'amour est le lien qui unit deux êtres pensants et ressentant toutes sortes de choses. L'affect d'une nouvelle relation exacerbe ces émotions, ce qui participe à l'instabilité potentielle de la situation.

Le mot « émotion », issu du latin *motio*, exprime l'action de se mouvoir. L'émotion est une expérience psychologique et physiologique qui se produit face à une situation donnée, cette émotion étant un message envoyé à nous-même et à notre entourage. Paul Ekman a identifié sept émotions de base que l'on pourrait qualifier d'émo-

tions primaires : la tristesse, la joie, la colère, la peur, le dégoût, la surprise et le mépris. Ces émotions sont toujours légitimes pour celui qui les éprouve. Quand elles ne sont pas gérées ou reconnues, elles peuvent se dégrader : la colère devient alors de l'agressivité, la peur de l'angoisse, la joie de l'euphorie, ce qui modifie le comportement de celui qui les éprouve au point de le rendre difficile à accepter.
Dans le cadre d'une relation de couple, les émotions de l'autre sont des messages importants à identifier. Rappelons que la reconnaissance des émotions est la première étape de l'empathie qui permet de rentrer dans une relation d'écoute efficiente. Pour gérer les émotions de votre conjoint, il faut être capable de les identifier pour les verbaliser :

« Je ne peux pas comprendre ce que tu ressens car je n'ai pas vécu la même chose que toi, mais d'après ce que tu me dis, je peux comprendre que tu sois en colère. »

Les ex de votre nouveau partenaire
Au début d'une relation, on évite généralement de parler de ses ex à son nouvel amour. Ils/elles ne sont pourtant pas bien loin, et c'est parfois source de « malaises », voire de conflits ouverts.

« **Yaëlle** a eu le tort de parler de son ex à son nouveau petit ami : j'étais avec Kevin depuis quelques semaines, tout se passait très bien. Je ne sais pas ce qui m'a pris mais, un jour, je lui ai dit que mon ex était un super cuisinier et qu'il nous préparait souvent des dîners sympas. Rien de plus. Qu'est-ce que je n'avais pas dit ! Il l'a très mal pris, mais je ne m'en suis pas aperçu tout de suite. À partir de ce jour, Kevin s'est mis à m'interroger sur mon ex sans cesse. Chaque fois qu'il faisait quelque chose, il me demandait s'il le faisait mieux que lui. Et, évidemment, il en est venu à comparer ses performances sexuelles. Si je lui disais qu'il était un amant formidable, il me répondait que je lui disais ça pour lui faire plaisir. Et si je ne répondais pas, il interprétait mes silences. L'enfer ! Cela a fini par gâcher nos relations, et nous nous sommes quittés fâchés. Si j'avais su, j'aurais gardé le silence... »

Nous éprouvons le besoin de nous comparer, pour nous rassurer, pour entendre l'autre nous dire que nous sommes meilleur/meilleure que ses ex. Or, ces effets de comparaison ne sont jamais bons dans un couple en partance pour une vie commune. Autant laisser le passé au passé et se tourner vers l'avenir.

Le jamais-négociable, même au début

Faire des concessions permet de mettre la relation amoureuse sur de bons rails, mais il ne faut pas oublier que, comme dans toute situation de négociation, il existe des sujets qui ne sont jamais négociables, qui doivent être clarifiés dès le début.

DES PRÉREQUIS JAMAIS NÉGOCIABLES

Dans leur désir d'avoir trouvé l'être idéal, certaines personnes se mettent en tête de « raboter » ses défauts et de faire de lui le partenaire parfait. C'est ignorer qu'il y a des choses qu'on ne peut pas négocier, qu'on ne peut pas changer. Une sorte d'ADN de la personnalité qu'il est illusoire et même dangereux de vouloir modifier.

On ne peut pas échapper à notre culture

Le terme « culture » n'est pas simple à cerner. En philosophie, il désigne ce qui ne relève pas de la nature, ce qui est de l'ordre de l'acquis et non de l'inné. En sociologie, la culture est définie comme « ce qui est commun à un groupe d'individus ». L'Unesco la présente comme « l'ensemble des traits distinctifs, spirituels et matériels, intellectuels et affectifs, qui caractérisent une société ou un groupe social. Elle englobe, outre les arts et les lettres, les modes de vie, les droits fondamentaux de l'être humain, les systèmes de valeurs, les traditions et les croyances ».

La culture de notre partenaire est indissociable de ce qu'il/elle est, il ne faut pas essayer de négocier avec ce qu'elle représente s'il/elle ne le souhaite pas, au risque de le/la heurter dans ses fondamentaux.

> « **Lucie** a eu du mal avec la culture de son mari : Ilario vient du sud de l'Italie, et a vécu dans un environnement un peu macho. Sa mère n'a jamais travaillé, sa grand-mère non plus. Je crois que c'est ancré dans les gènes depuis pas mal de temps ! Quand je l'ai rencontré, j'exerçais un job à responsabilités, et je gagnais plus que lui. Quand je m'en suis aperçu, j'ai joué cela sous couvert de l'humour, en lui disant que j'allais l'entretenir. Je ne pensais pas qu'il le prendrait si mal : il s'est fâché, m'a dit qu'il n'était pas question qu'il vive à mes crochets, et qu'il fallait que j'arrête de travailler. Nous avons vécu de grosses turbulences dans notre jeune couple, mais nous avons passé la tempête : il a fini par accepter cet état de fait, et aujourd'hui nous en rions. Mais je ne pensais pas que sa culture était aussi prégnante. »

On ne peut pas négocier nos valeurs

Le mot « valeur », du latin *valor*, est utilisé dès le XIIe siècle pour désigner le mérite ou les qualités de quelqu'un, notamment la bravoure guerrière d'un chevalier.

Les valeurs de quelqu'un sont ses principes directeurs, ses principes de vie. Conscientes ou inconscientes, elles déterminent ses choix et ses actions. Les valeurs relèvent en général de la morale, de l'éthique, de la religion, et proviennent essentiellement de l'éducation que chacun reçoit au cours de son enfance et de l'environnement dans lequel il vit.

Celles de nos partenaires ne sont pas négociables. Elles sont des références qui orientent ses choix de vie, ses comportements et ses attitudes avec les autres. Il est important de les connaître pour ne pas les froisser et pour les respecter.

> « **Geoffroy** n'a pas pu changer ses valeurs : j'ai eu une petite amie avec laquelle je m'entendais très bien, tout était parfait, si ce n'est qu'elle ne tolérait rien de ce qui était différent de son environnement social et culturel. Or, chez moi, nous avons été élevés dans l'idée que la tolérance est la valeur de base de toute vie en communauté. Notre conflit de valeur a été fatal pour notre relation ; nous nous sommes séparés après quelques semaines. »

EXERCICE

Les valeurs

Quelles sont les valeurs que vous partagez avec votre partenaire ?

On ne peut pas changer l'autre malgré lui

La perfection n'existe pas et notre nouveau partenaire, même s'il ne correspond pas exactement à notre modèle idéal, sera un compagnon de route malgré ses quelques petits défauts qui pimentent le quotidien. Pourtant, l'envie est grande de vouloir le faire changer pour l'« améliorer », et tout cela pour son seul bien… et le nôtre ! Attention à cette tentation : vouloir changer son partenaire amoureux malgré lui ou en dehors de sa pleine conscience, c'est prendre le risque de le manipuler et de dégrader du même coup une relation qui vient tout juste de commencer.

> « **Yves** a été victime de la volonté de sa partenaire de le changer malgré lui : Stéphanie s'était mis en tête que mes amis ne me convenaient pas, et qu'il fallait que je change mes relations. Alors, insidieusement, elle a commencé à me couper de personnes que je voyais depuis des années, en prétextant notamment des soirées chez ses amis alors que je devais voir les miens. Il y avait toujours une bonne raison pour que je ne puisse pas sortir. Un soir, j'ai mis les pieds dans le plat, et je lui ai demandé à quoi elle jouait. Elle m'a répondu que je devais lui faire confiance et que cela était pour mon bien, qu'il fallait que je change mais que je n'en avais pas conscience. Autant dire qu'il n'y a plus eu de confiance à partir de ce jour… »

On peut accompagner quelqu'un dans une démarche de changement, mais seulement s'il le souhaite et si c'est lui qui la mène. Essayer de modifier son comportement ou ses attitudes à son insu revient à de la manipulation, et cela témoigne d'un manque de respect flagrant

Respecter l'autre, c'est le laisser libre de ses choix, de ses orientations, en l'acceptant comme il est. Dans une relation amoureuse, changer l'autre contre son gré n'est jamais négociable.

On ne fait pas le bonheur des gens malgré eux

Vouloir faire le bonheur de quelqu'un malgré lui est également un comportement dangereux, car il fait courir le risque de rentrer dans le triangle dramatique de Karpman. Ce triangle est une figure d'analyse qui a été proposée par Stephen Karpman en 1968. Élève d'Éric Berne, le créateur de l'Analyse Transactionnelle, le psychologue américain Stephen Karpman a mis en évidence un scénario relationnel typique entre une victime, son persécuteur et son sauveur.

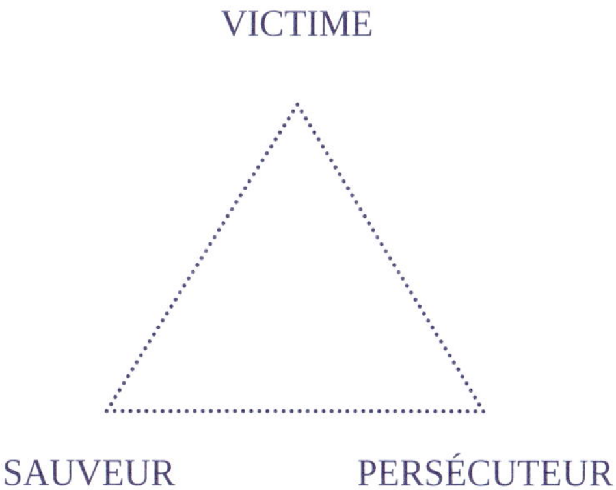

Vouloir rendre quelqu'un heureux malgré lui peut nous pousser dans cette dynamique négative.

« Mon amour, tu devrais faire un régime. Tu ne fais pas attention à ce que tu manges, et tu fais souffrir les gens qui t'aiment car nous nous inquiétons pour ta santé. »

Cette phrase positionne celui ou celle qui la prononce en sauveur, et place en victimes d'un comportement qu'il juge inadapté les personnes qui aiment celui qui est considéré comme le persécuteur, du fait qu'il ne prend pas soin de sa santé. C'est une dynamique pernicieuse, qui permet à ceux qui se posent en sauveurs de manipuler, consciemment ou non, ceux à qui ils s'adressent.
On peut aussi inconsciemment se positionner en victime de l'autre :

« Après tout ce que je fais pour toi, tu ne fais aucun effort. »

Là encore, c'est le début d'une culpabilisation de l'autre pour le pousser à changer son attitude, et tout cela pour son bien… du moins le croit-on.

La conscience de l'autre et son libre arbitre ne sont pas susceptibles d'être négociés. Une relation véritable, authentique, pleine de promesses, ne peut pas supporter la manipulation d'une des parties.

LE RESPECT DE CHACUN

Le respect est incontournable dans la séduction[1]. Il l'est encore plus dès lors que la relation s'installe. Il passe notamment par deux acceptations que tout un chacun doit intégrer : votre nouveau/nouvelle partenaire a eu une vie avant vous, et il/elle a droit à un jardin secret.

Il/elle a eu une vie avant moi

Imaginez le bonheur de l'explorateur ou de l'exploratrice qui touche terre après des mois de navigation pour découvrir une terre nouvelle, vierge de toute civilisation, et qui n'a jamais été observée, abordée, attachée à quelqu'un. Ce doit être une sensation extraordinaire… Beaucoup d'entre nous aimeraient ressentir la même chose en tombant amoureux(se), rencontrer quelqu'un qui n'a jamais connu un amour aussi fort que celui qu'on lui offre : ce n'est pas possible autrement, nous l'aimons tellement… Pourtant, il est très probable que nous ne soyons pas le premier amour de celui/celle qui hante

[3] Voir chapitre 1, page 27.

désormais nos pensées. C'est parfois difficile à accepter, mais c'est un fait. Autant l'intégrer tout de suite pour ne pas avoir à en souffrir, ni faire souffrir l'autre.

> « **Martha** ne supporte pas que son mari ait connu des femmes avant elle : c'est incontrôlable, je ne parviens pas à m'ôter de l'esprit qu'il a vécu d'autres aventures avant moi. J'en souffre, je ne lui dis pas, mais c'est une obsession. J'ai même cherché dans ses albums photo des images d'elles, pour savoir à quoi elles ressemblent, si elles sont mieux que moi, s'il les a aimées plus que moi. Je crois que je devrais me faire aider... »

Le « jardin secret »

Si la transparence est vécue comme une preuve d'amour au début de la relation, elle peut rapidement devenir difficile à supporter : nous avons tous un jardin secret, et il doit le rester. Ce fait devrait être évoqué rapidement dans une nouvelle aventure amoureuse : nous sommes curieux, nous nous nourrissons de ce besoin de tout connaître sur l'autre, mais nous ne devrions pas chercher à tout savoir.
Une solution efficace : verbaliser le droit de chacun au respect de son jardin secret pour éviter les questions insidieuses ou malvenues. Si votre partenaire souhaite aller plus loin, il faut le laisser vous dire ce qu'il souhaite vous révéler. Il se peut que cela le soulage de situations qui le/la mettent mal à l'aise, mais cela ne doit pas être un interrogatoire.

> « **Lorenzo** a senti le besoin de son amie de lui faire des révélations : chaque fois que Sophia me parlait d'un collègue, je sentais sa gorge se nouer, elle était mal à l'aise. J'ai très vite compris qu'il y avait eu quelque chose entre eux, mais je ne voulais pas mettre les pieds dans le plat. Pourtant, je sentais qu'elle avait envie d'en parler mais sans savoir comment. Alors j'ai fait le premier pas, et je lui ai tout simplement demandé : « Vous êtes sortis ensemble longtemps ? » Elle s'est montrée tout d'abord surprise mais elle s'est mise à en parler, et j'ai senti que cela lui faisait du bien, tout en l'embarrassant. Nous avons terminé la conversation

en reconnaissant qu'être capable de discuter de cela ouvertement est une marque de confiance. Nous n'avons plus jamais abordé le sujet, mais cela nous a fait du bien à tous les deux. »

La future belle famille

Les histoires de famille font partie de l'histoire de votre partenaire. Elles l'ont construit et en ont fait ce qu'il/elle est aujourd'hui. Tout comme il est important de le/la respecter en tant que personne, il faut aussi respecter son histoire et celle de sa famille.

Il est facile de juger l'histoire de l'autre à l'aune de notre propre histoire, et d'apporter des jugements de valeur sortis de leur contexte global. N'oublions pas que, même si votre partenaire présente certains de ses parents en utilisant des adjectifs négatifs, dévalorisants ou dépréciatifs, ils restent malgré tout des membres de sa famille et de son historique de vie. Ne vous laissez pas aller à la facilité de juger sans savoir :

« C'est vrai, ton père a l'air d'être un véritable escroc,
je ne sais pas comment vous avez fait pour le supporter. »

Ce serait courir le risque de blesser l'autre et de nuire à votre relation.

Quand céder devient plus difficile, l'épreuve du temps

Les premiers jours, les premières semaines de la relation se déroulent généralement dans un environnement feutré où tout est rose et beau : la chimie amoureuse fait son office, la joie d'avoir (enfin) trouvé chaussure à son pied nous transporte, l'excitation des retrouvailles successives enrobe la relation d'un doux nuage… d'où nous sortons naturellement après plus ou moins de temps. C'est souvent à ce moment-là que l'on voit que nous avons facilement cédé sur des choses qui deviennent difficiles à supporter, et nous prenons alors la décision de ne plus rien lâcher. Il est effectivement difficile d'accepter ce qui ne nous correspond pas, ou de se forcer à être ce que l'on n'est pas.
Attention à l'effet de balancier ! En prenant conscience que nous avons cédé au concessionisme, la tentation est grande d'adopter l'attitude diamétralement opposée, à savoir le positionnisme :

« Je ne cède plus rien, même si c'est accessoire et que cela ne me coûte rien ; j'en fais une question de principe ! »

Pour éviter cela, pensez simplement à identifier ce qui est négociable et ce qui ne l'est pas ; cela vous évitera bien des tracas.
Quand un négociateur professionnel prépare une négociation, il va définir trois cadres qui lui serviront de guide tout au long de ses échanges avec les parties prenantes. Dans une relation amoureuse, les bases des négociations futures se mettent en place dès les premières semaines de vie commune.

CE QU'ON PEUT TOUJOURS NÉGOCIER

Ce sont là tous les sujets sur lesquels nous pouvons facilement négocier au quotidien : le choix du restaurant pour une soirée, le programme télé, le menu du petit déjeuner. Ce sont souvent des sujets qui sont jugés sans grande importance, mais si nous ne pouvions les négocier, notre vie deviendrait facilement infernale.

Attention, certains sujets peuvent être perçus comme négociables pour l'un, alors qu'ils ne le sont pas pour l'autre :

« Cela fait des années que je suis cette émission à la télé, je ne veux pas savoir qu'il y a un match sur l'autre chaîne, c'est non négociable ! »

Dans ce cas, il faudra discuter sur le caractère non négociable de ces thèmes.

CE QUI EST NON NÉGOCIABLE

Le non-négociable va regrouper les sujets qui ne se négocient pas, car ils sont déterminés comme tels à l'avance :

« On n'aura jamais la télévision dans notre chambre, je ne connais pas meilleur tue-l'amour que cela. »

C'est clair, *a priori*, pas la peine de revenir là-dessus. Si ce n'est que le non-négociable peut être sujet à des exceptions quand une circonstance le justifie :

« Nous ne regardons pas la télévision quand nous dînons, cela permet de discuter, de nous parler de notre journée, c'est beaucoup plus convivial. Mais quand il y a un reportage qui nous intéresse tous les deux et que cela tombe au moment où nous passons à table, nous nous autorisons cet écart au non-négociable tout en gardant à l'esprit que cela revêt un caractère exceptionnel. »

CE QUI N'EST JAMAIS NÉGOCIABLE

Le jamais-négociable regroupe les sujets qui ne sont pas discutables, et qui n'admettent aucune exception, comme les valeurs respectives des partenaires. Citons également, parmi les sujets jamais négociables : le respect, l'agressivité, la violence…

EXERCICE

Les trois cadres de négociation

Remplissez le tableau suivant avec votre partenaire, et voyez si vos cadres respectifs concordent. Si ce n'est pas le cas, négociez !

Négociable

Non négociable

Jamais négociable

Si vous avez suivi les conseils qui précèdent, et que les négociations quotidiennes se passent au mieux, vous pouvez envisager que la relation va perdurer… peut-être pour la vie. Mais une relation dans la durée présente d'autres contraintes, d'autres négociations, et encore d'autres épreuves qui donnent à la vie de couple tout son sel.

marques d'attention sont un facteur important de la séduction
nanente. On ne le répétera jamais assez : notre partenaire a besoin
nous lui manifestions sans cesse notre amour. C'est ainsi qu'il
rra constamment se sentir aimé et désiré, même si ces marques
tention ne sont que de petits gestes du quotidien. Les petites at-
ions sont des choses faciles à utiliser : un bouquet de fleurs, un
t mot posé sur l'oreiller, un message écrit sur le miroir de la salle
bains… tout ce qui permet de rappeler à l'autre que nous tenons
i renforcera notre pouvoir de séduction.

EXERCICE

Quelles sont les marques d'attention que vous avez pour votre conjoint ?

tention cependant à la routine, car elle peut avoir un effet contre-
oductif.

« **Paul** en a fait l'expérience : quand Julie et moi nous nous sommes installés ensemble, j'avais pris l'habitude de lui faire envoyer un bouquet de roses à son bureau tous les mardis matin, J'étais ravi. Mais au bout de trois mois, Julie m'a avoué qu'elle

3

La relation s'installe… pour la vie ?

Les premiers mois viennent de s'écouler, et tout a l'air de fonctionner à merveille : l'amour est toujours aussi fort, les moments passés ensemble sont devenus la règle et les séparations l'exception, deux brosses à dents sont maintenant présentes dans la salle de bains… Cela commence à sentir la vie commune ! Comment faire, alors, pour que cela dure ? Quels sont les « trucs et astuces » des négociateurs qui pourraient permettre de faire durer une histoire d'amour ? Deux idées simples : il n'y a pas de bonne négociation sans règles du jeu établies en amont pour l'ensemble des parties prenantes, et il n'existe pas de négociation sans moments de danger, alors autant s'y préparer pour éviter qu'ils ne se produisent.

Établir un *modus vivendi*

Un amour pour la vie ? Nos grands-parents y croyaient, nos parents parfois aussi, mais l'Histoire tend à contrarier cette idée. Quand l'institution du mariage s'est installée, l'espérance de vie ne dépassait guère les 40 ans. Certes, on se mariait plus jeune, mais la vie commune ne durait pas bien longtemps. L'augmentation de l'espérance de vie a entraîné du même coup celle de la vie conjugale, mais les cinquante dernières années ont vu la durée de vie des mariages diminuer. Dans les années 1900, à peine 5 % des couples divorçaient. Aujourd'hui, plus de 50 % des mariages se terminent par un divorce. Il est donc vraisemblable que nous ayons 5, 6, 10 vies amoureuses dans une même vie.

Une organisation doit avoir des règles de fonctionnement communes, connues et appliquées par tous, pour pouvoir remplir sa mission et durer dans le temps. Eh bien disons que, dans le couple, c'est un peu la même chose : quand il existe un *modus vivendi* qui satisfait chacune des parties, l'aventure a vocation à s'installer dans le temps. Pourtant, tout un chacun aimerait croire que, lorsque l'on s'aime, il n'est nul besoin d'établir des règles de vie commune clairement édictées, car l'amour fera son office et mettra de l'huile dans les rouages qui, de ce fait, ne se gripperont pas.
Lourde erreur, que ceux qui ont déjà vécu en couple connaissent ! Rappelons-nous cet adage : « Cela va sans dire, mais cela va mieux en le disant ! » Les règles ne sont utilisables que lorsqu'elles sont connues et acceptées par tous.

LES RÈGLES DE VIE COMMUNE

Il n'est pas question de faire un inventaire à la Prévert des choses à faire et à ne pas faire pour que l'amour dure toute une vie : personne

d'autre mieux que vous ne saura dire ce qu'il faut
dans le fonctionnement de votre couple pour que le
tidien ne viennent pas éroder l'amour et impacter d
tion pour la rendre au mieux sans fondement, au pi
Les quelques lignes qui suivent ne cherchent rien d'
des pistes de réflexion pour identifier les règles de v
vous souhaitez établir avec votre partenaire.

La séduction permanente

Combien de passions ont été tuées par cette idée
laquelle, quand on est en couple, c'est gagné, inut
à conquérir l'amour de l'autre. Ce sentiment est peu
souhait d'être rassuré sur le fait que nous avons trou
qui partagera nos jours, et que la recherche et la c
passé, avec tout leur cortège d'angoisse et de mom
Pourtant, s'il est une première règle de vie commun
c'est bien celle-là : ne jamais cesser de séduire l'aut

EXERCICE

Opération séduction

Réfléchissez à la dernière fois où vous avez séduit votre pa

À quand cela remonte-t-il ?

- -

Qu'aviez-vous entrepris ?

- -

- -

- -

- -

- -

Le
pe
qu
po
d'
ter
pe
de
à l

1.
2.
3.
4.
5.

A
p

était devenue la risée de ses collègues, qui lui disaient tous les mardis : « Alors, ton mec a encore un truc à se faire pardonner ? » ou « Julie, tu devrais revendre tes roses, tu pourrais t'offrir une voiture à la fin de l'année ». J'ai alors décidé de la surprendre et d'arrêter les envois systématiques. J'ai posé une fleur sur la table de la cuisine en partant avant elle le matin, j'ai placé une petite boîte de chocolats sur le tableau de bord de sa voiture pendant qu'elle était au bureau. J'ai remis de la surprise dans mes petits gestes d'amour, et cela leur a donné beaucoup plus de valeur et d'authenticité. »

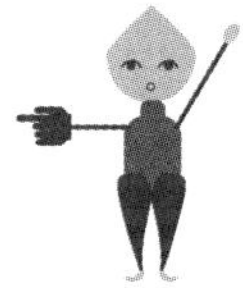

Créer de la surprise et générer de « l'insécurité » sont des tactiques de séduction qui ajoutent du piment au quotidien. Même si nous aimons la sécurité et la stabilité, nous avons aussi besoin de l'effet magique d'une action inattendue et sortant du cadre.

Ces approches devraient être le fait des deux partenaires, et pas d'un seul : la séduction permanente n'est pas un match dans lequel il y aurait un dominant et un dominé, un créatif et un suiveur, mais plutôt un échange subtil entre complicité et autonomie, où chacun donne envie à l'autre de rester dans la relation sans qu'il ne s'y sente obligé. C'est un peu comme si l'autre était un « invité permanent » : on se préoccupe de son bien-être à chaque instant pour qu'il se sente choyé et dorloté.

La charte du quotidien

Tous ceux qui ont déjà vécu en couple suffisamment longtemps savent que le quotidien nous tend des pièges régulièrement et met notre désir à l'épreuve. Régler les détails de la vie quotidienne, c'est encadrer au mieux les activités qui génèrent 99 % des conflits dans le couple, et cela doit pouvoir se négocier…
Combien de fois a-t-on entendu cette phrase :

« J'en ai assez de tout faire à la maison, toi tu rentres et tu mets les pieds sous la table ! » ?

La poubelle à descendre, la table à débarrasser, le lave-vaisselle à vider, le frigo à remplir, autant de situations qui peuvent générer des conflits lancinants et susciter rancœur et sentiment d'injustice chez celui ou celle qui a l'impression d'être seul(e) à s'occuper des tâches quotidiennes.

> « **Marine** en a eu assez de s'occuper de tout à la maison : Alan est un garçon adorable, charmant, attentionné, mais qui n'a aucune idée de ce que peuvent être les tâches ménagères. Quand nous nous sommes installés ensemble, il n'a pas fallu plus de deux mois pour qu'il me considère comme sa « bonne à tout faire » : ménage, cuisine, course... tout était pour moi, naturellement. J'ai vite mis le holà, et je lui ai expliqué que je travaillais comme lui, que mon boulot était aussi important que le sien, et qu'il n'y avait aucune raison que je me charge de toutes les tâches ménagères. Il est tombé des nues comme s'il n'avait jamais réalisé cela avant. Il m'a dit tout penaud : « Chez moi, c'est ma mère qui faisait tout. » Je lui ai répondu qu'il fallait qu'il s'aperçoive que le monde avait évolué, et je lui ai demandé ce qu'il voulait prendre à sa charge. Il a souri, et nous avons établi un partage assez équitable, en fonction de nos appétences particulières. Depuis, tout va bien ! »

La charte du quotidien doit être négociée en envisageant le partage des tâches domestiques comme un élément de base de la vie du couple : chacun doit y participer, si possible de manière égalitaire, et accepter leur caractère répétitif et parfois pénible.

Cette négociation dans la répartition des tâches est aussi la marque d'un respect mutuel et de la volonté d'instaurer une vraie relation d'égalité au quotidien.

La négociation peut tourner autour des appétences de chacun :

« Cela ne me gêne pas de passer l'aspirateur, mais j'ai horreur de faire les courses. »

« Moi, les courses, ça ne me dérange pas, je m'en occupe et tu te charges du ménage ? »

Il n'y a pas une bonne méthode : chacun son activité de prédilection, chacun son tour, une semaine chacun, etc. Le danger serait de vouloir tenir une comptabilité des tâches réalisées :

« J'ai fait trois fois la vaisselle mais tu n'as passé l'aspirateur que deux fois » ou

« Vider le lave-vaisselle vaut au moins deux remplissages du lave-linge ».

Il ne peut pas y avoir de partage idéal, parfaitement égalitaire, à la seconde près. Pas d'accord de pénibilité sur une tâche par rapport à une autre, mais juste un accord de relation intelligente, pour que chacun prenne sa part sans que ce soit à son détriment ou à celui de son partenaire.
Le simple fait de se dire ce que l'on aime bien faire et ce que l'on déteste permet souvent de faire le tri dans « qui s'occupe de quoi » et de voir que des tâches considérées comme ingrates pour l'un ne le sont pas pour l'autre, et inversement.

EXERCICE

Les tâches quotidiennes

MOI

Ce que j'aime faire

Ce que je n'aime pas faire

MON PARTENAIRE

Ce qu'il/elle aime faire

Ce qu'il/elle n'aime pas faire

Ne pas s'oublier pour acheter la paix familiale

Nous avons vu que le concessionisme peut s'installer au début d'une relation amoureuse, pour « lisser » les conflits potentiels et lancer une dynamique positive autour du couple en puissance[1]. Mais il peut aussi devenir un mode de vie pour un des deux partenaires, qui préfère ne pas négocier ni même ne rien demander pour preserver la « paix » familiale et ne jamais susciter de conflits. Nos grands-mères avaient souvent cette habitude, fruit de leur éducation, de l'observation de l'attitude de leurs propres mères, et de la certitude que la femme devait être au service de l'homme.

> « **Albane** a une grand-mère qui pratiquait le concessionisme : quand je discute avec ma grand-mère, je me dis que nous avons de la chance aujourd'hui : les femmes sont plus libérées, et n'hésitent pas à dire quand elles ne sont pas d'accord avec leur mari.

[1] Voir chapitre 2, p. 47

> Pourtant, il y a quelques dizaines d'années, c'était visiblement bien différent. Ma grand-mère me racontait qu'elle ne s'opposait jamais à son mari, qu'elle concédait tout, et qu'exprimer un désaccord était tout simplement inimaginable. Quel enfer cela devait être… »

Le concessionisme ne peut pas être érigé en stratégie permanente de négociation : toujours céder, c'est certes une façon de privilégier la paix des ménages, mais à quel prix ? Pour être respecté, il faut être respectable. Manifester ses désaccords, c'est avant tout exprimer une autre façon de voir les choses, une possibilité d'élargir le champ de conscience de votre partenaire tout en affirmant votre identité propre. Le conflit, ce n'est pas le combat, c'est l'opposition entre deux points de vue divergents, qu'il est possible de régler au bénéfice des deux parties en présence.

Négocier la vie à distance

Les contraintes de la vie professionnelle imposent parfois que les partenaires soient séparés, par exemple tout au long de la semaine, pour ne se retrouver que durant le week-end et les vacances. Ce mode de vie, qui peut paraître difficile car il impose de passer beaucoup de temps loin de l'être aimé, serait pourtant plus favorable à la longévité des couples. Des scientifiques des universités de Hong Kong et de Cornell ont publié les résultats d'une étude[2] dans laquelle ils arrivent à la conclusion que les couples qui entretiennent une relation à distance seraient plus solides et plus durables que les autres. Comme tout mode de vie unissant deux partenaires, la relation à distance doit faire l'objet d'une négociation préalable et de l'établissement de quelques principes simples. Parmi ceux-là, citons ceux qui nous paraissent les plus évidents :

- **La confiance :** comme dans toute relation que l'on veut durable, la confiance doit faire partie du jeu. La distance, si elle suscite une réelle autonomie de chacun, n'implique pas forcément de faire n'importe quoi pendant que l'autre est loin. Il est important de s'engager sur ce que chacun considérera « non négociable » : les relations extra-conjugales en sont un exemple.

[2] *Journal of Communication*, volume 63, n° 3, mai 2013.

“ **Martine** a posé ses conditions au célibat géographique imposé par le job de son compagnon : j'ai accepté qu'il passe la semaine en Belgique, mais il s'est engagé fermement sur sa fidélité. Je sais que ce n'est qu'un engagement basé sur la confiance, mais c'était important pour moi de lui rappeler que, même si nous ne sommes pas mariés et qu'il est loin, je ne suis pas prête à le partager. ”

- **Les moments de rendez-vous :** la distance peut être aujourd'hui atténuée par les moyens de communication. Les sms, Skype®, FaceTime®, sont autant de moyens de se retrouver virtuellement. N'hésitez pas à vous donner rendez-vous devant vos ordinateurs respectifs.

“ **Mike** organise des dîners virtuels avec sa compagne : nous sommes séparés pratiquement dix jours toutes les 2 semaines. Alors, nous nous retrouvons pour dîner devant nos tablettes numériques, en discutant comme si nous étions réellement face à face. Ce n'est pas aussi bien qu'un vrai dîner en amoureux, mais ce n'est pas si mal... ”

- **L'inattendu :** ne laissez pas la routine l'emporter, et jouez les « effets de surprise ». Appelez votre partenaire le matin pour lui faire la surprise d'être là un soir où vous n'êtes pas présent normalement, réservez un restaurant pour un dîner en amoureux, et montrez-lui que vous êtes toujours prêt(e) à être là où il/elle ne vous attend pas.

“ **Isabelle** s'amuse à surprendre à Gaëtan : travaillant à Paris, j'ai appelé Gaëtan un après-midi pour lui dire que j'entrais en réunion et que j'allais être coincée pendant au moins trois heures. Juste le temps de sauter dans un TGV et de le rejoindre à Marseille, à son bureau. Je suis montée à son étage, je l'ai appelé pour lui dire que je sortais de réunion, et qu'il me manquait. Il m'a dit que lui aussi, et qu'il préférerait que je sois avec lui. J'ai frappé à la porte de son bureau... Il était tout ému, et très heureux de ma surprise. ”

LA GESTION DES TENSIONS DANS LE COUPLE

Quel enfer si la vie de couple n'était qu'un long fleuve tranquille, sans anicroches ni frottements. Heureusement, le quotidien vient pimenter tout cela !
Les professeurs de psychologie, Dominique Picard et Edmond Marc[3], développent une idée intéressante du conflit. Selon eux, un conflit ne serait pas juste issu d'une erreur de communication entre les parties prenantes, mais serait tout bonnement une des composantes de la vie de couple :

« Les problèmes relationnels sont inhérents à la nature
et à la dynamique d'une relation parce que vivre ensemble
et communiquer, c'est compliqué et difficile. »

Face au conflit, la négociation est la meilleure des options.

Négocier des tensions conflictuelles
Le conflit exprime une divergence de points de vue, et plusieurs solutions s'offrent aux partenaires qui veulent y mettre fin :

- **La guerre de position, ou le conflit permanent :** aucune des parties prenantes ne souhaite lâcher. Personne n'est satisfait, et la situation peut durer si au moins l'un des deux partenaires aime ce climat conflictuel.
- **Le passage en force :** « C'est comme ça, je ne changerai pas d'avis, tu n'as qu'à t'y faire. » Un seul des partenaires est satisfait, l'autre est forcément frustré.
- **La concession :** l'une des deux parties cède tout de suite, sans contrepartie. Comme avec la stratégie précédente, un seul des partenaires est satisfait, l'autre est frustré.
- **Le pourrissement :** on attend que l'autre se lasse, c'est le plus patient qui gagne. Mais encore la frustration pour celui qui cède.
- **La négociation :** c'est le meilleur moyen de régler le conflit. Les deux points de vue sont affichés, ils peuvent être discutés, chacun donne ses arguments, et un compromis peut être envisagé. Les deux protagonistes sont satisfaits.

[3] Dominique Picard, Edmond Marc, *Petit Traité des conflits ordinaires*, Paris, Seuil, 2006.

Bien que la négociation soit souvent associée à une logique « un gagnant/un perdant », du fait de sa connotation généralement commerciale, c'est le meilleur outil qui soit pour régler des conflits.

La négociation de conflit qui, par définition, se déroule dans un environnement émotionnel fort du fait des enjeux qu'elle suscite, implique un certain nombre d'étapes :

- Accepter le fait même de négocier. Si au moins un des partenaires ne souhaite pas utiliser la négociation pour résoudre le problème, la gestion de conflit est impossible.
- Accepter qu'il y ait un objectif commun à satisfaire, en l'occurrence une entente efficace au bénéfice de la relation amoureuse.
- Être à l'écoute l'un de l'autre, pour s'assurer que chacun peut s'exprimer objectivement et librement.
- Rebondir sur l'idée de l'autre pour construire et non s'opposer.
- Créer de la valeur ajoutée par les échanges et faire des concessions mutuelles pour que la négociation soit équilibrée.
- Accepter de mettre en œuvre la solution trouvée par les partenaires jusqu'à son terme. Il n'y a rien de pire que de trouver une solution pour sortir d'un conflit, et de s'apercevoir qu'elle n'a jamais été mise en œuvre par l'une des deux parties prenantes.

> “ **Léa** est une adepte de la négociation : avec mon compagnon, nous sommes régulièrement en négociation. Nous avons des personnalités plutôt fortes, et donc des avis tranchés. Les situations de conflit sont fréquentes, mais nous en parlons immédiatement, de manière objective, pour éviter que cela ne s'envenime. Chacun s'exprime, l'autre l'écoute, et nous regardons les convergences possibles pour trouver un « accord » pouvant satisfaire tout le monde. Ce n'est pas toujours facile, il y en a parfois un qui gagne un peu moins que l'autre. Mais, au final, c'est un mode de règlement des problèmes qui nous satisfait. ”

EXERCICE

Votre dernière négociation avec votre partenaire

1. À combien de temps remonte votre dernière négociation avec votre partenaire ?

2. Quel était l'enjeu de cette négociation ?

3. Avez-vous réussi à faire valoir votre point de vue ?

4. Avez-vous le sentiment d'avoir gagné ?

5. Quelle a été la chose la plus difficile à gérer dans cette négociation ?

Utiliser l'humour

Les conflits sont incontournables dans la vie d'un couple, et les tensions qu'ils génèrent le sont malheureusement aussi. Il existe une façon simple de faire descendre la pression : l'humour. L'humour est reconnu comme un déclencheur d'émotions positives dans les relations interpersonnelles. Il est aussi une « soupape » dans les conflits, à condition d'être bien utilisé.

Un des secrets de l'humour en situation de conflit, c'est de trouver « l'effet décalé », qui va faire mouche sans pour autant mettre l'autre en difficulté.

> « **Sophie** a une méthode bien à elle pour désamorcer une tension avec son mari : quand la situation se bloque et que nous n'arrivons pas à trouver une issue, j'utilise l'humour, et cela fonctionne presque à chaque fois. Lors de notre dernier conflit, nous nous sommes retrouvés à court d'arguments. Alors, je suis allée dans la salle de bains, j'ai récupéré toutes les brosses à dents que j'ai trouvées, je les ai réunies en forme de bouquet, que j'ai apporté à mon mari en lui disant : « Et si je t'offrais un bouquet de brosses à dents, cela pourrait aller ? » Il m'a regardée sans rien dire, il a regardé les brosses, et il a éclaté de rire. Cela a détendu l'atmosphère et nous avons pu reprendre la discussion de manière constructive. Le problème, c'est que la prochaine fois, je devrai trouver autre chose que les brosses à dents ! »

L'autodérision est aussi un bon moyen de désamorcer un conflit. Rire de soi, c'est accepter de se mettre en situation d'infériorité relative pour donner à l'autre l'occasion de rebondir sur l'autodérision tout en décalant la discussion. C'est aussi faire baisser la tension, et rendre la discussion plus propice à la découverte d'une solution commune.

Il faut cependant manier l'humour avec discernement, car quand la relation se tend, les parties prenantes peuvent être plus facilement irritables et moins réceptives aux traits d'humour. Pour ne pas obtenir l'effet inverse de celui recherché, il ne faut jamais se moquer de l'autre ni prendre le risque de le blesser. Attention donc à utiliser les mots d'esprit à bon escient !

Ne pas se laisser emporter dans les conflits qui ne sont pas les nôtres

La négociation dans le couple peut aussi déborder vers les autres parties prenantes de la vie commune : les histoires de famille, avec leur cortège de conflits et de tensions, nous jettent souvent dans des négociations complexes pour lesquelles nous voudrions garder notre neutralité, tout en défendant les intérêts ou les points de vue de l'être qui nous est cher.

Gardez-vous bien d'impliquer votre partenaire dans les conflits qui touchent votre propre famille ; ces situations vous impactent forcément, mais faites en sorte qu'elles ne viennent pas déteindre sur votre propre mode de vie. Pour former son propre couple, il faut savoir prendre de la distance avec sa famille. Commencez par prendre de la distance avec les conflits qu'elle connaît, et ne mêlez pas votre partenaire à des situations dans lesquelles il/elle devrait forcément prendre parti et peut-être se mettre à dos une partie de sa nouvelle belle-famille.

> « **Armelle** a plongé tête baissée dans un conflit qui ne la regardait pas : lors d'un repas de famille, les échanges entre mon ami et son frère ont commencé à se tendre. Tout le monde était mal à l'aise. Je me suis sentie obligée de me mêler à la discussion pour défendre mon amoureux mais, du coup, j'ai été aussi prise à parti. Et certaines choses ont été dites dans la ferveur de la situation qui m'ont vraiment touchée, cela a laissé des traces. Aujourd'hui, je suis brouillée avec une partie de la famille de mon ami. Si j'avais su, je serais restée neutre ou, du moins, je ne me serais pas impliquée directement dans le conflit. »

Les histoires de votre nouvelle belle-famille sont également propices aux situations conflictuelles. On peut juger les proches de notre partenaire trop présents, trop critiques, ou trop distants, mais en aucune façon il ne faudra porter un jugement trop tranché devant lui/elle. La franchise et l'authenticité sont importantes pour le bien-être du couple, mais il faut aussi parfois savoir s'abstenir.

« **Bruno** a commis cette erreur : je connaissais Caroline depuis quelques mois, et j'avais eu l'occasion de rencontrer son père à plusieurs reprises. Il était plutôt froid, voire même cassant, en tout cas vraiment antipathique. Un soir, Caroline avait dû avoir un accrochage avec lui, et elle s'est mise à le critiquer vertement. J'ai alors commis l'irréparable : je l'ai critiqué également, en laissant parler mon cœur sur mon ressenti vis-à-vis de son père, de ses réactions envers moi, et de son attitude en général. Mal m'en a pris : elle s'est tout de suite retournée contre moi, en me demandant pourquoi je me permettais de juger son père, que je ne le connaissais pas, et qu'il valait trois hommes comme moi. Autant dire que notre relation n'a pas survécu à cet épisode... »

Gérer les moments de danger

Les écueils qui parsèment la route d'un jeune couple sont nombreux. L'idée de cet ouvrage n'est pas de décourager quiconque de vouloir construire une relation solide et fiable. Cependant, nous analyserons deux situations particulièrement délicates qui nécessitent beaucoup de patience, de doigté et de discernement : le mensonge et l'infidélité.

« En amour, qui doute accuse. »
Alexandre Dumas

NÉGOCIER FACE AU MENSONGE

Dans un précédent ouvrage consacré à la négociation avec les enfants[4], le mensonge avait été classé dans la liste du « jamais-négociable », c'est-à-dire de ce à quoi on ne déroge jamais quelles que soient les circonstances. Mais on dirait que, lorsque nous grandissons et devenons adultes, le mensonge peut basculer dans le « non-négociable », c'est-à-dire ce à quoi on peut déroger s'il existe une circonstance

[4] Laurent Combalbert, *Devenez meilleur négociateur que vos enfants !*, Issy-les-Moulineaux, ESF éditeur, 2013.

exceptionnelle. Car, si la transparence et l'authenticité doivent être de mise dans les règles du jeu, trop de transparence et d'authenticité peuvent nuire à la relation amoureuse.

Pourquoi ment-on dans un couple ?
Dans les premiers mois d'une relation amoureuse, on a tendance à mentir pour donner une bonne image de soi, ou ne pas décevoir l'autre sur l'image qu'il se fait de nous. Cela part d'une intention qui peut paraître valable car elle a pour objet de maintenir une relation idyllique, mais il ne faut pas trop mentir : sachez que, si la relation dure, ce qui est visiblement votre objectif, vous risquez d'être confronté à vos propres mensonges, et la vérité risque de faire des dégâts.

> « **Thomas** s'est enfermé dans un mensonge difficile à entretenir : pour séduire une amie, qui admirait les pilotes de chasse, je lui ai fait croire que j'en avais été un et que j'avais dû arrêter à la suite d'un problème de santé. Elle m'a demandé si je savais toujours piloter, et je lui ai affirmé que j'avais ma licence de pilote privé, mais que je n'avais plus beaucoup d'occasions de voler. Un jour, elle m'a fait la surprise de m'emmener dans un aéroclub pour que je lui fasse faire un baptême de l'air. Je me suis retrouvé pris à mon propre piège. J'ai bien essayé de lui faire croire que j'avais fait serment de ne plus jamais piloter, mais cela n'a pas pris… »

Il peut exister plusieurs types de mensonges dans un couple :

- **Les mensonges égoïstes :** ils permettent de procurer un avantage à celui qui ment (attribution d'une qualité, silence sur un défaut), ou lui servent à se protéger contre un risque éventuel (punition, conflit, jugement de valeur).
- **Les mensonges altruistes :** ils permettent de faire plaisir ou de ne pas faire de peine à l'autre. Ces mensonges sont parfois qualifiés de « défensifs », car ils ont pour objectif de préserver la relation que l'on entretient avec l'autre. C'est ce que certains appellent « mentir par amour ».

“ **Élise** a pardonné son mensonge à son ami : Philippe m'a menti un jour. Nous avons croisé une de ses amies lors d'une soirée, et j'ai senti qu'il y avait plus que de l'amitié. Mais il m'a affirmé qu'il ne s'était jamais rien passé entre eux. Et un jour, c'est elle qui m'a révélé qu'ils avaient eu une relation alors que Philippe était marié. Quand j'ai demandé à Philippe pourquoi il m'avait menti, il m'a répondu que c'était pour ne pas me faire de mal. Je lui en ai voulu de ne pas m'avoir dit la vérité, mais je lui ai vite pardonné parce qu'il a fait ça pour me protéger. ”

Attention, certains sujets devraient être propices aux mensonges par omission : les secrets sexuels sont de ceux-là. Nos fantasmes les plus fous ou nos expériences sexuelles passées devraient rester dans notre jardin secret, sauf à avoir créé une relation de confiance très forte avec l'autre.

“ **Max** a été sidéré par les révélations de son amie : un jour, alors que nous discutions de nos fantasmes sur le ton de la plaisanterie, elle m'a avoué qu'elle rêvait de coucher avec mon meilleur ami ! Autant vous dire que cela m'a coupé tous mes effets, car chaque fois que nous faisions l'amour, je me disais qu'elle pensait à mon ami. Nous avons cessé de sortir ensemble. ”

EXERCICE

Votre dernier mensonge

1. Quand avez-vous menti pour la dernière fois à votre conjoint ?

2. Était-ce un mensonge altruiste ou égoïste ?

3. Cela vous a-t-il semblé utile à vote relation ?

4. S'est-il aperçu de votre mensonge ?

5. Regrettez-vous votre mensonge ?

Détecter le mensonge dans la relation

La détection du mensonge est une pratique très complexe, et qui nécessite une véritable formation spécifique. Certains experts en la matière forment les casinos et les cercles de jeu pour détecter les menteurs et les tricheurs, et il faut des années de pratique pour être presque infaillible. Pour éviter tout malentendu, nous n'indiquerons pas dans cet ouvrage les techniques de ces experts.

Il faut prendre en compte un paramètre important : l'existence d'un réel enjeu dans le mensonge. S'il ne prête pas à conséquence, il est probable que le mensonge sera difficile à détecter car il ne déclenchera pas de réactions observables.

Le meilleur signe détectable du mensonge, c'est le manque de congruence entre les canaux de la communication. Verbal (les mots), paraverbal (le ton, le rythme) et non-verbal (les gestes, la posture) constituent les éléments de communication quand nous sommes dans une relation à l'autre. Quand quelqu'un ment, il arrive qu'il ne puisse maîtriser l'ensemble de ces canaux et que l'un d'eux vienne à trahir son mensonge : les mots et le ton affirment une chose et l'attitude le contraire, ou les propos évoquent un état émotionnel alors que les gestes en indiquent un autre. « Je vous dis que je ne suis pas en colère ! » : l'affirmation énervée du fait de ne pas être en colère indique qu'il s'agit d'un mensonge.

L'identification d'un mensonge se fait généralement sur la falsification de la vérité, rarement sur une omission. La meilleure façon de ne pas se faire prendre à mentir ? Ne falsifiez jamais la vérité !

Il/elle ment, comment réagir ?

Comme dans une négociation, il n'y a pas de bonne réponse face à un mensonge dans le couple. Mais si nous distinguons mensonge égoïste et mensonge altruiste, il est possible d'envisager certaines réactions :

- **Face à un mensonge altruiste :** il/elle ment pour vous protéger ou pour ne pas vous blesser. Vous pouvez lui révéler que vous savez qu'il/elle ment : cela marque l'affirmation de votre volonté de transparence dans la relation, mais cela risque de le/la mettre en difficulté. À vous de juger si cela vaut la peine de le/la mettre face à son mensonge.
- **Face à un mensonge égoïste :** c'est le plus difficile à accepter. Posez rapidement vos limites, et rappelez-vous que la confiance se gagne par goutte et se perd par litre. S'il/elle nie, et s'enferme dans ses mensonges, rappelez-lui sa responsabilité dans la construction d'une relation durable, et les risques qu'il/elle prend s'il/elle continue à mentir. La peur de vous perdre pourra le/la pousser à changer son comportement.

Certaines personnes envisagent aussi une autre distinction, entre un petit mensonge, qui ne prête pas à conséquence, et un gros mensonge, que l'on pourrait qualifier de grave. À vous de fixer la frontière entre ces deux concepts, et de savoir mettre le holà quand cela peut prendre des conséquences importantes. Fixez votre seuil de tolérance, et indiquez-le à votre partenaire pour qu'il sache où il met les pieds à l'avenir.

Il existe des menteurs pathologiques, qui mentent sans s'en apercevoir, et pour tous les sujets de la vie courante. Si c'est le cas de celui ou celle qui partage votre vie, n'hésitez pas à lui proposer de l'aide et à solliciter un spécialiste pour l'accompagner dans une démarche thérapeutique.

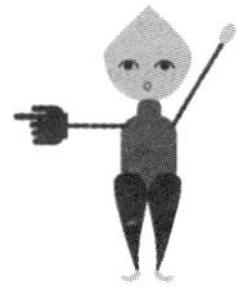

FAIRE FACE AUX INFIDÉLITÉS

L'adultère a toujours été un sujet tabou en France. Il a longtemps été considéré comme une faute permettant d'engager une procédure à l'encontre du conjoint pris en défaut de fidélité.
Il existe peu de statistiques fiables, car on se doute bien que ceux qui trompent leurs conjoints ne vont ni le crier sur les toits, ni se faire recenser comme adultère.
Un sondage réalisé par TNS Sofres pour le magazine *FHM*[5] révèle que 52 % des hommes et 48 % des femmes ont déjà eu des relations extraconjugales, et parmi ces infidèles, 75 % ne le regrettent pas.
Il existe une multitude de raisons qui peuvent pousser quelqu'un à tromper son partenaire : l'envie de séduire, le désir de retrouver des sensations nouvelles, la volonté de mettre son couple à l'épreuve…
Gérard Mermet[6] indique que, en France, les hommes revendiquent en moyenne 11,3 partenaires dans leur vie, alors que les femmes n'en revendiquent que 3,4. Le célèbre rapport Hite estime qu'aux États-Unis, 70 % des femmes ayant plus de cinq ans de mariage déclarent avoir été infidèles au moins une fois, alors que ce chiffre est de 92 % pour les hommes.

[5] *FHM*, octobre 2012.
[6] Gérard Mermet, *Francoscopie 1999 : comment vivent les Français ?*, Paris, Larousse, 1999.

Négociable, non négociable ou jamais négociable ?

C'est un sujet délicat car il n'existe aucune réponse tranchée à la question de savoir si l'infidélité dans le couple est négociable ou non. Chacun a son point de vue sur le sujet, mais personne ne peut vraiment savoir comment il/elle réagira tant qu'il/elle n'a pas été confronté(e) à une telle situation.

Si nous reprenons les cadres de manœuvre utilisés par les négociateurs professionnels, nous pouvons envisager l'infidélité selon trois perspectives :

- **L'infidélité est négociable :** c'est un comportement acceptable, que l'on pourra tolérer de la part de son partenaire. Autant dire que cette classification de l'adultère relève d'une grande liberté dans le couple, et implique que chaque partenaire puisse être infidèle à l'autre et accepter que l'autre le soit également.

> « **Martial et Julie** ont choisi cette option : nous sommes très libres dans notre relation. Si l'autre veut aller voir ailleurs, c'est son choix. Nous ne voulons simplement pas le savoir. Nous pensons qu'avoir des expériences extraconjugales renforce notre relation et l'amour que nous nous portons. »

- **L'infidélité est non négociable :** l'infidélité n'est pas admise, mais une entorse à la règle peut être acceptée si elle relève d'une circonstance particulière. Il doit donc y avoir une bonne raison pour que l'autre soit allé voir ailleurs, à chacun d'apprécier la pertinence de l'argument.

> « **Jack** a accepté l'infidélité de Marie : avec le temps, nos relations se sont un peu distendues, et je sais que Marie a eu un amant pendant quelques mois. Cela m'a fait souffrir mais elle m'en a parlé quand elle a rompu avec lui, et j'ai accepté. J'ai aussi pris ma part de responsabilité. Elle m'a dit que cela n'arriverait plus, et je me suis engagé à la séduire chaque jour pour qu'elle n'ait pas envie d'aller voir ailleurs. Cela a ravivé la flamme de notre couple. »

• **L'infidélité n'est jamais négociable :** elle n'est jamais acceptable, quelles que soient les circonstances. Dès lors, si cette règle est édictée comme un des piliers du couple, toute incartade entraînera la fin de la relation. Aucun droit à l'erreur n'est donc toléré, à bon entendeur…

> « **Isabel** considère que toute infidélité est rédhibitoire à la vie commune : jamais je ne pourrais accepter que mon homme aille voir une autre femme, qu'il puisse coucher avec elle, ou vivre les mêmes moments que ceux qu'il vit avec moi. S'il me trompe, ce sera terminé… »

Il/elle me trompe, comment réagir ?

Là encore, il n'y a pas de bonne ou de mauvaises réactions, simplement des comportements plus ou moins favorables à la poursuite de la relation. Selon le même sondage TNS Sofres pour le magazine *FHM* cité précédemment, l'opinion des sondés est divisée sur leur capacité à pardonner une infidélité : 48 % pensent qu'on ne peut pas pardonner à son conjoint, alors que 52 % sont prêts à passer l'éponge. Il semble que l'infidèle est plus à même de pardonner à son conjoint s'il le trompe à son tour : les infidèles sont 72 % à avoir déjà commis l'adultère et à affirmer être prêts à pardonner une infidélité.

Constater l'infidélité de son partenaire n'implique pas forcément de mettre fin à la relation. Outre l'acceptation pure et simple ou le pardon de l'acte commis, certains souhaitent rester en couple pour les enfants, pour des raisons matérielles ou financières, ou encore pour l'amour qu'ils conservent l'un pour l'autre.

Quoi qu'il en soit, la négociation s'annonce difficile après le constat d'une infidélité dans le couple, et quelques règles sont à rappeler :

• **Ne cédez pas à la colère :** l'idée même d'avoir été trompé(e) va forcément générer un sentiment de colère, tout à fait légitime. Attention, cependant, à ne pas laisser la colère se dégrader en agressivité, ce qui pourrait générer des comportements forcément préjudiciables au maintien de la relation. Il faut exprimer sa colère, mais en gardant le contrôle de soi pour ne pas « déraper » et le regretter par la suite.

« **Étienne** a su garder son calme malgré l'épreuve : j'ai appris par hasard la relation extraconjugale de mon épouse, sans qu'elle le sache. J'étais furieux, j'avais envie de tout casser. Mais par chance, je devais partir en mission le lendemain. Deux semaines à l'étranger m'ont permis de réfléchir et de prendre un peu de distance. Quand je suis rentré, je lui ai dit que je savais. Calmement, objectivement, nous avons pu discuter. Nous avons fini par nous séparer, après quelques mois, mais sans heurts, comme des adultes responsables. »

- **Ne cédez pas à l'envie de revanche :** c'est souvent la réaction naturelle quand on s'aperçoit de la trahison de l'autre. Pourtant, se venger n'apportera rien à personne, si ce n'est une satisfaction très passagère mais certainement malsaine après coup. La loi du talion n'est pas de mise en la matière : faire subir à votre partenaire ce qu'il vous a fait subir ne ferait que vous mettre sur un pied d'égalité quant au comportement adultère.
- **Restez discret :** évitez les scènes d'hystérie devant tout le monde, qui ne feront que vous dévaloriser. Au contraire, profitez de votre retenue pour garder la tête froide, rester digne et envisager l'avenir avec un peu de recul. Si vous portez à la connaissance de tous le comportement adultère de votre partenaire, il lui sera difficile de reparaître auprès de vos relations communes comme si de rien n'était si vous décidez de passer l'éponge.
- **Ne fuyez pas le domicile conjugal :** occupez le terrain, continuez à vivre comme avant, comme si de rien n'était. Vous pouvez décider de faire lit séparé pendant quelque temps, mais n'abandonnez pas la résidence du couple car ce serait une fuite que vous regretteriez par la suite. De plus, ne pas fuir le domicile vous permettra de rester à l'écoute de l'autre pour qu'il puisse exprimer les raisons de son acte, et ses regrets éventuels, autant d'attitudes favorables au maintien de la relation.

> “ **Martin** est parti de la maison quand son compagnon a eu une aventure : j'ai préféré partir, je ne pouvais plus le voir, sentir son odeur, entendre sa voix. Mais je me suis retrouvé seul dans un studio de location, et j'ai déprimé comme jamais auparavant. Un soir, il est venu frapper à ma porte. Nous avons discuté, et j'ai accepté de rentrer. C'était la meilleure chose à faire, cela a certainement sauvé notre relation en nous permettant de renouer le dialogue. ”

- **Ne posez aucune question sur la maîtresse ou l'amant :** les réponses que vous obtiendrez ne seront jamais satisfaisantes. Elles vous amèneront à vous comparer, donneront de l'importance à un fait qu'il est préférable de minimiser et vous ne cesserez d'y penser. Gardez une zone d'ombre sur cet autre qui s'est immiscé pour un temps dans votre relation amoureuse.

> “ **Alexandra** a voulu voir à quoi ressemblait sa « rivale » : j'ai demandé à mon ami s'il avait une photo d'elle. Il me l'a montrée : cela a été terrible. Je l'ai trouvée plus belle que moi, elle avait l'air très heureux avec lui, et je n'ai cessé de la voir à tous les coins de rue. Je n'aurais jamais dû… ”

Après avoir été trompé, il vous faudra reconstruire une relation de confiance pour pouvoir continuer à vivre comme avant, ou du moins éviter les effets négatifs et durables de cette incartade.

Je t'aime, moi non plus : vivre avec quelqu'un qui a été infidèle

Quand le lien se poursuit, il faut reconstruire les fondamentaux de la relation. Rappelez-vous ce qui vous a permis de vous rencontrer, ce qui vous a uni, et décidez de vous séduire à nouveau.

La confiance n'est pas facile à rebâtir après l'épreuve de l'infidélité. Pourtant, personne d'autre mieux que vous ne connaît votre partenaire, ses goûts, ses désirs, ses rêves. Profitez-en pour repartir sur des bases solides : offrez-vous une escapade en amoureux, sortez de votre cadre quotidien pour remettre du piment à votre relation. Surprenez votre conjoint, faites-lui une surprise, un cadeau, malgré son infidélité passée. Montrez-lui que vous avez dépassé tout cela, que vous êtes reparti(e) sur des bases nouvelles, et que vous souhaitez continuer d'avancer avec lui/elle.

La confiance a été bafouée, mais elle est l'élément de base de l'alchimie du couple. Oubliez ce qui s'est passé, même si c'est difficile : vous lui montrerez que votre amour est plus fort que cela.

> « **Angelina** a su reconquérir son amoureux : quand il m'a avoué qu'il avait eu une aventure avec une autre, je lui en ai voulu. Mais j'ai aussi remis en question deux éléments : moi-même et notre *modus vivendi*. J'ai pris ma part de responsabilité, et j'ai décidé de le séduire une nouvelle fois : je me suis remise au sport, j'ai sorti les tenues sexy remisées au fond du placard, j'ai organisé des dîners en amoureux. Je me suis sentie plus belle, et je pense que cela s'est vu : il est redevenu jaloux ! C'était bon signe. Et puis nous avons revu notre façon de vivre : nous ne nous accordions plus de moments privilégiés, nous étions trop concentrés sur notre travail, et plus du tout à l'écoute l'un de l'autre. Finalement, cet épisode a été une bonne chose. Nous avons même décidé de faire un enfant... »

Angelina a su reconstruire son couple malgré les épreuves, et un bébé viendra bientôt animer le domicile conjugal. Cependant, l'arrivée d'un enfant va modifier l'alchimie de la relation et mettre à l'épreuve tout ce qui été construit auparavant. Les conditions de la négociation vont changer, il va falloir s'adapter à ce nouveau venu.

4

Quand la vie commune nous tend des pièges

La vie commune s'est installée, et tout semble se dérouler selon les souhaits et les projets des partenaires. Les quelques écueils évoqués dans le chapitre précédent ont été surmontés avec succès. Tout va donc pour le mieux.
Quand on mène une négociation, il faut être très attentif lorsque tout va bien, car c'est à ce moment-là que les pièges peuvent s'ouvrir devant nous, et que nous pouvons nous y précipiter sans même les avoir entraperçus.
Dans un processus de négociation qui se déroule dans le temps, il existe trois pièges « classiques » qui peuvent conduire un négociateur à l'échec : le changement unilatéral

d'objectif, la perte de la capacité d'écoute de l'une des parties, et la personnalité de l'un des protagonistes qui rend la poursuite du lien impossible.
Si on compare ces trois pièges de la négociation à ceux que peut nous tendre la vie commune, nous retrouvons les mêmes causes : l'objectif d'un des partenaires peut changer dès lors qu'un enfant va naître ; la qualité de la relation peut se dégrader si on ne sait plus s'écouter ; la personnalité difficile d'un conjoint peut rendre la vie de l'autre très complexe. Trois pièges pernicieux que l'on peut éviter à condition de les prendre en considération dès que possible.

Quand l'arrivée d'un enfant change le terrain de la négociation

Le couple est installé, la vie quotidienne se passe au mieux, les projets foisonnent, et chacun vit sa relation au mieux de ses attentes : en un mot, c'est le bonheur. La suite logique à laquelle on peut s'attendre : l'arrivée d'un enfant. Et c'est là que les choses se corsent ! Passée la joie de tenir ce chérubin dans vos bras, les épines vont commencer à sortir de la rose.
L'arrivée d'un enfant va bouleverser les habitudes du couple, et mettre entre parenthèses bon nombre d'activités « égoïstes » que les conjoints s'accordaient. Finis les week-ends impromptus en amoureux, les grasses matinées sous la couette ou les soirées interminables chez les amis. De nouvelles règles du jeu vont devoir se mettre en place…

« Le pire moment dans une négociation, c'est quand on pense qu'on a gagné. »
Philip Williams
(policier à Scotland Yard)

Si l'on considère qu'un enfant vit en moyenne entre 18 et 25 ans au sein du foyer familial, et que chaque foyer a en moyenne deux enfants, si le premier naît en 2015, vous en avez au bas mot jusqu'en 2045 ! Et ne parlons pas de la période 0-10 ans au cours de laquelle l'enfant est complètement dépendant et nécessite une surveillance constante !
Bref, l'arrivée de votre progéniture va bouleverser le quotidien que vous aviez à peine commencé à organiser.

Tout bon négociateur vous dira que, pour négocier, il faut avoir identifié au moins un objectif commun avec l'autre. Sinon, quel intérêt aurions-nous à passer du temps à palabrer si nous ne pouvions en tirer un avantage ? Il en est de même dans un couple : si nous construisons une relation avec notre conjoint, c'est que nous partageons un objectif, un projet commun, une envie de parcourir le même chemin. L'objectif du couple relève de la même recherche de création de valeur. Mais parfois, avec le temps, notamment quand un enfant entre en jeu, l'objectif peut évoluer, et un des partenaires peut avoir du mal à s'y retrouver.

SOMMES-NOUS TOUJOURS SUR LE MÊME CHEMIN ?

Garder le cap dans la durée n'est pas une chose facile, et les efforts doivent être partagés. Le temps amène son lot d'écueils qui vont venir perturber la vie des conjoints. Faire face aux aléas relève d'une volonté commune qu'il n'est pas toujours facile de maintenir.

Depuis que le bébé est là, je ne le/la reconnais plus
Il n'est pas rare, quand je discute avec des couples, d'entendre la phrase :

« Je ne le reconnais plus. »

C'est comme si l'un des conjoints vivait avec une autre personne que celle qu'il a rencontrée quelques années auparavant.

“ **Ruben** a vécu une telle expérience : avec Noémie, nous formions un couple assez équilibré, et nous rêvions d'avoir un enfant. Mais quand Enzo est né, tout a changé : Noémie s'est entièrement tournée vers le bébé, je suis devenu une sorte de colocataire. J'étais là, mais je passais après Enzo. Nous avons abandonné toutes nos activités communes, je me suis aperçu que je ne reconnaissais plus Noémie. Ce n'était plus la jeune femme que j'avais rencontrée, mais une mère possessive qui ne vivait que pour son fils. Nous avons eu une grande discussion, d'ailleurs je lui ai dit tout ce que je ressentais. Les bras lui en sont tombés, car elle n'avait visiblement pas perçu son changement de comportement. Elle a fait des efforts pour me « remettre dans le jeu », et j'en ai fait aussi pour accepter qu'elle soit aussi une mère, et plus seulement une épouse. ”

Il n'est pas rare non plus que, avec l'arrivée d'un enfant, chacun des conjoints souhaite reproduire avec lui ce qu'il a connu lorsqu'il était enfant. La reproduction des modèles familiaux peut s'avérer très déstabilisante pour le couple, notamment quand certains comportements sont incompatibles avec ceux de chacun des deux parents. Pour créer son propre modèle, il faut savoir couper le « cordon » sans pour autant couper les ponts.

Comme tous les autres points de la vie quotidienne, l'éducation d'un enfant relève de la négociation de règles communes qui vont satisfaire les parents tout en privilégiant l'intérêt de l'enfant.

La critique des arguments de la partie adverse est une étape de toute négociation. La critique du modèle familial de l'autre est un facteur de construction de son propre modèle, à condition qu'elle soit constructive. Chacun doit transmettre les meilleurs aspects de son expérience familiale, sans pour autant juger les parents de son conjoint.

« **Diana** a su critiquer sans offusquer : j'ai reçu une éducation très libérale, alors que mon mari vient d'une famille plutôt traditionnelle, pour ne pas dire traditionnaliste. Mais j'ai su évoquer nos points de discorde sans pour autant remettre en cause son éducation. Par exemple, je suis athée alors qu'il est catholique. Je ne souhaitais pas que notre fille soit baptisée, mais je lui ai proposé d'attendre qu'elle soit en âge de pouvoir décider de le faire ou non. Nous en avons discuté et il a donné son accord. »

EXERCICE

Quels sont les points d'accord et de désaccord entre votre modèle familial et celui de votre conjoint ?

Points d'accord	Points de désaccord

Les rencontres familiales doivent être des moments de retrouvailles festives, où chacun retrouve ses propres racines et découvre celles de son conjoint. Ce sont des instants riches pour les enfants, qui peuvent savoir et comprendre d'où ils viennent, sans pour autant remettre en cause le modèle que les parents ont négocié entre eux.

Le syndrome du funambule

Quand les circonstances changent et que l'environnement du couple se métamorphose, il faut trouver sa place, ce qui est parfois difficile quand un enfant arrive. Passer de l'amant au père est une phase complexe, passer de l'épouse à la mère l'est aussi : c'est le syndrome du funambule.

Quand un enfant naît, ou vient prendre sa place dans un couple comme dans le cas d'une adoption, l'alchimie tout entière va changer : l'équilibre que les partenaires avaient réussi à instaurer s'en trouve chamboulé.

Imaginez un funambule qui traverse une pièce sur une corde tendue, et qui a compris qu'en tendant ses bras de chaque côté et en les repliant plus ou moins rapidement, il arrive à rester debout et même à marcher sur sa corde. Imaginez maintenant que, dans une de ses mains tendues, un bébé arrive… Il va se mettre à s'agiter, à réajuster ses bras, plier ses jambes, se pencher d'un côté, puis de l'autre pour retrouver un semblant d'équilibre : c'est exactement ce qui se passe dans le couple à la naissance d'un enfant !

> « **Martial** a joué le funambule à la naissance de sa fille : quand Léa est arrivée, c'était le plus beau jour de ma vie. J'étais le père le plus heureux du monde. En revanche, je n'étais plus l'amant de ma femme. Au début, ce n'était pas très grave, parce que je me concentrais sur ma petite. Mais au bout de quelques mois, je pensais que cela allait redevenir comme avant. Grave erreur : je me suis retrouvé mis à l'écart de ma relation amant/amante avec mon épouse. Sans violence, sans jamais que ce ne soit dit. Mais doucement, je me suis aperçu qu'elle était devenue une mère, et uniquement une mère. »

Comme le funambule doit fournir des efforts importants pour retrouver son équilibre quand son centre de gravité change, les conjoints doivent s'impliquer activement dans la recherche d'un nouvel équilibre.

EXERCICE

Ce qui a changé depuis que votre enfant est né(e)

Les changements positifs	Les changements négatifs

QUAND CHACUN DOIT TROUVER SA JUSTE PLACE

Les changements impliquent l'adaptation. Quand l'environnement du couple a évolué, qu'un ou plusieurs enfants sont venus se glisser dans le lit des partenaires, c'est tout l'environnement qui évolue : pour survivre, le couple va devoir muer, s'adapter, et chacun va devoir trouver sa juste place.

> *« Ce n'est pas le plus fort de l'espèce qui survit, ni le plus intelligent. C'est celui qui sait le mieux s'adapter au changement. »*
> *Charles Darwin*

Rester femme quand on est mère

Le passage du statut de femme au statut de mère est toujours source de conflit intérieur. Assurer à la fois le rôle d'épouse et de mère est complexe : à qui donner la priorité sans frustrer aucun des êtres qu'elle aime le plus au monde ? Y a-t-il réellement une priorité à donner ?

> « **Carla** a pris le parti de son fils : quand j'ai accouché, j'ai ressenti ce lien fusionnel avec Lucas. C'est le fruit de mon corps, la chair de ma chair, j'ai souffert pour le mettre au monde. C'est ma priorité, le but de ma vie. Mais, du même coup, j'ai complètement mis de côté son père, avec lequel je n'étais pas mariée. J'ai cessé du jour au lendemain mes gestes d'attention, je ne voulais plus le séduire, car je voulais consacrer mon énergie à Lucas. Je m'en veux aujourd'hui, car je sais qu'il en a souffert. Il a manifesté plusieurs fois son sentiment d'abandon, mais je n'ai jamais répondu comme il le souhaitait. Il est allé voir une autre femme, qui lui donnait peut-être ce qu'il attendait. Aujourd'hui, nous sommes juste des amis, nous élevons Lucas une semaine sur deux. Nous sommes peut-être passés à côté de quelque chose... »

Le lien maternel qui unit une femme à son enfant est inconditionnel, fusionnel, extraordinaire. Et une mère montrera quoi qu'il arrive son attachement indéfectible à son enfant[1], et il est toujours plus facile pour elle de quitter son homme que son enfant.

Rester attentive à la fois à son enfant et à son conjoint demande un véritable effort et une énergie considérable : il ne s'agit pas, pour elle, de donner la priorité à l'un ou à l'autre, mais de partager son amour en justes parts pour qu'aucun ne se sente lésé.

Après une journée bien remplie au bureau, et une seconde journée qui commence en fin d'après-midi à la maison, difficile de trouver l'énergie pour redevenir la femme que vous étiez avant l'arrivée de votre progéniture. Alors, commencez par négocier le partage des tâches[2] :

> « Si tu veux que nous passions du temps ensemble après que le bébé soit couché, on va se répartir les rôles. Je lui donne son bain et tu prépares les biberons. »

Cette négociation ne relève pas seulement de la normale répartition des rôles dans un couple, mais aussi de la réalisation d'un objectif commun : trouver un peu de temps pour le couple !

Programmez-vous aussi des créneaux de liberté avec votre conjoint. Les grands-parents ou les proches seront ravis de s'occuper de votre merveille pendant que vous irez au cinéma ou au restaurant. Allez même plus loin, si la proximité géographique le permet : un soir par emaine, les enfants dorment chez papi et mamie. À vous une soirée en amoureux, comme avant, pour ne pas oublier à quoi cela ressemble. Acceptez de confier votre progéniture, vous verrez : cela fera du bien à tout le monde, et à vous la première.

Trouver sa place quand on est père

Quand un enfant naît, l'homme se trouve confronté à une question existentielle : « Pourquoi moi, le premier amour de ma femme, je me trouve relégué à un rôle subalterne face à ce petit bout de chou ? » Et ce sentiment est d'autant plus exacerbé que l'homme n'est alors plus sollicité par son épouse que pour les questions bassement matérielles et pratiques du quotidien. Dites-vous que c'est normal, et que si vous vous organisez bien avec votre conjointe, cela ne durera pas au-delà de quelques mois… années ?!

---

[1] Nous n'aborderons pas ici les cas spécifiques ou pathologiques tels que les dénis de grossesse.

[2] Voir chapitre 3, p. 67 et suivantes.

“ **Matthieu** a eu du mal à trouver sa place quand son fils est né : je me suis retrouvé du jour au lendemain comme un colocataire. À moi la paperasse du quotidien, le loyer, le parking, et à madame les risettes avec notre fils. J'ai vite réalisé que ce n'était pas aussi facile que cela. J'aurais adoré pourvoir continuer à faire des grasses matinées avec elle, à faire l'amour toutes les nuits. Mais j'ai dû me contenter bien souvent d'un vague « je t'aime » avant qu'elle ne s'endorme après sa journée de dingue. J'ai accepté la situation, jusqu'à ce que notre fils soit un peu plus « autonome » pour nous laisser quelques moments de répit que nous apprécions à leur juste valeur. ”

Partager la femme de sa vie avec son enfant est un dilemme difficile pour le mari devenu père. Mais il faut s'y résoudre, c'est la juste marche des choses. Alors, autant accepter cet état de fait et négocier un partage du temps. En acceptant de prendre en charge une partie des tâches quotidiennes, vous pourrez vous préserver quelques moments d'intimité pour retrouver la magie des premières années sans enfant… jusqu'à ce que les pleurs du bambin ne viennent vous ramener à la dure réalité ! Ces moments sont également indispensables pour maintenir la communication avec votre partenaire.

Quand on ne sait plus s'écouter

À force de se parler, on finit par ne plus s'écouter. La relation n'est pas un simple mot lâché dans les séminaires de communication, mais un lien qui demande à être entretenu, renouvelé, rénové sans cesse pour fonctionner. Quand on ne sait plus se parler et que l'on ne s'écoute pas, chacun part symboliquement sur un terrain que l'autre ne connaît pas. Sans relation efficace, comment s'assurer que l'on est toujours aligné sur le même cap ?

SAVOIR SE PARLER POUR SAVOIR OÙ ALLER

Quand les divergences se font jour, il est une règle que tout négociateur applique : rester en relation avec la partie adverse. Il en est de même dans le couple. La relation est un lien privilégié, propice à la construction d'une communication efficace, même en cas de désaccord. Pour Paul Watzlawick, l'un des tenants de l'école de Palo Alto, « on ne peut pas ne pas communiquer ». Toute interaction entre deux personnes est un acte de communication, même si l'une d'entre elles commence en disant : « Je ne veux pas te parler. »
Comme dans une négociation, le maintien du lien entre les partenaires d'une relation amoureuse passe par une réelle capacité d'écoute. Or, écouter est une activité proactive, qui nécessite une attention particulière et une tournure d'esprit spécifique : n'est pas un bon écoutant qui veut.

EXERCICE

Savez-vous écouter votre partenaire ?

1. Êtes-vous réellement attentif lorsque votre conjoint vous parle ?
2. Écoutez-vous autant avec les yeux qu'avec les oreilles ?
3. Donnez-vous des signes d'encouragement non verbaux quand vous écoutez ?
4. Laissez-vous votre partenaire finir de parler avant de lui répondre ?
5. Les moments de pause et de silence sont-ils importants pour vous ?
6. Êtes-vous prêt à tout entendre de la part de votre partenaire ?
7. Êtes-vous capable de répéter systématiquement la phrase que votre conjoint vient de prononcer ?
8. Aimez-vous écouter les autres ?

Pour permettre une écoute efficace, il est un outil que tous les négociateurs connaissent bien : l'écoute active. Outil fondamental du développement de l'empathie dans la relation, l'écoute active cherche à atteindre plusieurs objectifs :

- Être congruent dans sa relation à autrui : ouvert, non défensif et manifestement présent dans la relation à l'autre.
- Générer une attention positive portée à son interlocuteur : accepter ses points de vue et ses opinions sans jugement ni subjectivité.
- Percevoir le cadre de référence de l'interlocuteur, dans ses composantes factuelles et émotionnelles, pour analyser au mieux son comportement et sa vision du monde.

Il existe de nombreuses techniques utilisées en écoute active, mais pour rester simple et pragmatique, nous concentrerons notre attention sur les sept techniques de base : la paraphrase, la reformulation, l'encouragement, l'identification des émotions, le recentrage, les messages « je » et l'utilisation des silences dans la conversation.

- **La paraphrase,** ou comment reprendre les mots de l'autre. Pour tout un chacun, certains mots ont un sens symbolique spécifique. La paraphrase consiste, pour celui qui l'utilise, à reprendre dans son discours les mots utilisés par son partenaire :

« J'ai du mal à te faire comprendre mon point de vue, ma vision des choses.
– Tu as du mal à me faire comprendre ta vision des choses ? »

En reprenant les mots prononcés par l'autre, il est fort probable que sa réponse sera :

« Oui, j'ai l'impression que tu ne me comprends pas. »

Les « oui » génèrent un climat positif favorable à la relation, et la tournure de la réponse constitue une phrase d'encouragement à continuer la discussion puisque, sous couvert d'une paraphrase, son intonation induit une question.

- **La reformulation,** ou comment reprendre les idées de l'autre. Contrairement à la paraphrase, la reformulation ne reprend pas les mots de l'autre mais reprend ses idées pour les reformuler en d'autres termes :

« Quand je rentre le soir, je dois m'occuper de la maison, faire faire les devoirs aux enfants, gérer le programme du lendemain, et je finis la journée sur les rotules. Je n'ai plus le temps de passer des moments avec toi.
– Je sais que les tâches du quotidien t'épuisent, c'est compliqué d'avoir du temps pour nous. »

En utilisant la reformulation, plusieurs objectifs propices à la relation peuvent être atteints :
- Montrer à l'autre que l'on a parfaitement compris ce qu'il exprime.
- Mettre d'autres mots, parfois moins lourds de conséquence, sur ce que l'autre exprime.
- Encourager la poursuite de la discussion en générant des « oui ».

- **L'encouragement,** ou comment donner envie à l'autre de poursuivre la relation. Il s'agit de manifester son attention active en ponctuant la discussion de signes d'intérêt pour le discours de l'autre : les signes non verbaux, comme les hochements de tête ou le regard, les encouragements verbaux, comme « oui », ou « Vas-y, dis m'en un peu plus » montre que l'attention est focalisée sur l'autre et qu'il est disponible pour une relation active.
- **L'identification des émotions,** ou comment montrer à l'autre que l'on a identifié ce qu'il ressent. L'identification des émotions exprimées par l'autre est un pas important dans le maintien de la relation de confiance. Quand on reconnaît l'émotion que son conjoint exprime et qu'on la verbalise ouvertement, cela contribue à développer l'empathie et à maintenir le lien efficace.

« J'en ai assez d'être considéré comme un colocataire par ta famille.
– Et cela te met en colère ? »

Dans l'identification des émotions, le conjoint verbalise l'émotion que l'autre souhaite exprimer. C'est une marque d'acceptation de ce ressenti, qui est forcément légitime pour celui qui l'éprouve. La verbalisation de l'émotion permet de la stabiliser et d'éviter qu'elle ne se dégrade, la colère se transformant en agressivité, la peur en angoisse…

• **Le recentrage,** ou comment remettre le sujet dans la conversation. Quand la relation fonctionne, un des partenaires peut être amené à sortir du sujet de conversation, et on peut perdre de vue l'objectif de la relation. Pour éviter les échanges sans fin, celui qui pratique l'écoute active doit recentrer la discussion sur le sujet principal :

« C'est toujours pareil, avec toi, rien n'est jamais compliqué. C'est comme pour accompagner les enfants à l'école, tu ne te préoccupes pas des difficultés que cela représente.
– Je comprends bien que ce n'est pas toujours facile de t'organiser pour accompagner les enfants à l'école, mais nous étions en train de parler des vacances. Ce serait bien que nous puissions nous caler là-dessus pour organiser les réservations. »

L'utilisation du recentrage permet aussi de faire un point de situation sur l'ensemble des éléments qui ont été perçus par l'autre et de valider par un feed-back global que tout a été bien compris.

• **Les messages « je »,** ou comment exprimer ce que l'on ressent : avec l'utilisation des messages « je », on exprime ce que l'on ressent du fait de la situation ou du comportement de l'autre :

« Je crois que tu en as assez de vivre avec moi.
– Je suis triste que tu penses cela. »

Cette technique est un bon moyen de susciter l'empathie en montrant que le comportement de l'autre vous impacte directement.

• **Les silences,** ou comment s'exprimer sans dire un mot. Les pauses et les silences que l'autre utilise sont importants pour lui, car ils mettent en valeur les mots qui vont être prononcés, ou constituent une aposiopèse[3] en cherchant à susciter l'attention sur ce qui va être dit.

[3] Figure de style qui consiste à interrompre une phrase sans achever sa pensée.

AUTODIAGNOSTIC

Quelles sont vos capacités relationnelles ?

Répondez le plus spontanément possible aux questions suivantes en cochant les cases de 1 à 10 (1 : Ce n'est pas du tout mon cas ; 10 : C'est tout à fait moi).

	1	2	3	4	5	6	7	8	9	10
Il n'y a pas de négociation sans relation préalable.										
Mon interlocuteur peut m'écouter sans m'entendre si nous ne sommes pas dans une vraie relation.										
La création de la relation demande du temps et de la patience.										
Je reconnais et j'accepte mes émotions.										
Je sais ne pas tomber dans l'excès d'affect quand je rentre en interaction avec mon partenaire.										
Quand je négocie avec mon partenaire, je garde en tête l'objectif de l'interaction créée pour l'occasion.										
Le silence dans la discussion est aussi un moyen de communiquer.										
Je sais me taire quand c'est nécessaire.										
La relation est un système qui se modifie sans cesse.										
L'intuition est un outil que j'utilise au quotidien.										
Le contexte de la relation influence la relation.										
Je suis empathique.										
Je sais choisir la meilleure façon de rentrer en relation avec mon partenaire en cas de tension.										
J'aime rencontrer des personnes que je ne connais pas.										

RÉSULTATS :

Les croix entre 7 et 10 indiquent vos points forts dans votre aptitude à créer et maintenir une relation efficace.

Les croix entre 4 et 6 indiquent les capacités relationnelles qui ne demandent qu'à être perfectionnées pour vous rendre encore plus efficace.

Les croix entre 1 et 3 indiquent vos points d'amélioration et les thèmes sur lesquels vous devez être attentif quand vous développez une relation avec autrui.

LES FREINS À UNE ÉCOUTE EFFICACE

Créer et entretenir au quotidien une relation efficace n'est pas une sinécure, il faut savoir se donner le temps pour installer et préserver le lien.

Disciple de Carl Rogers, le créateur de l'écoute active, Elias Porter a identifié des comportements qui peuvent constituer des freins à la relation, et qui ont tendance à « sortir tout seul » quand nous échangeons avec nos conjoints. Ces attitudes dites de Porter, même si elles partent souvent d'un bon sentiment et de l'envie d'aider l'autre, génèrent des réactions qui peuvent être nuisibles à la construction d'une véritable relation empathique.

- **L'investigation,** quand on veut savoir « pourquoi » trop rapidement. Elle vise à rechercher des compléments d'information pour mieux comprendre la situation. Quand nous négocions avec notre conjoint et que la phase d'investigation arrive trop tôt dans la relation, elle est généralement vécue comme un interrogatoire et une remise en cause de l'authenticité des propos du conjoint :

« Je me suis pris la tête au bureau avec l'assistante du patron, c'est pénible.
– Pourquoi donc ? »

Cette question est naturelle, évidente, mais elle est un frein à l'instauration de l'interaction préalable à toute discussion. En effet, celui qui l'utilise oriente son interlocuteur en fonction de sa propre perception, et la question induit d'ores et déjà qu'il y a une raison pour laquelle son partenaire a eu un problème au bureau. Pour éviter cela, il est préférable de paraphraser :

« Tu t'es pris la tête au bureau ? »,
ou de reformuler :
« Tu as eu un problème avec l'assistante de ton boss ? »

Ces techniques d'écoute active vont permettre à l'autre d'en dire plus sur les circonstances de son accrochage, et la question « pourquoi » pourra venir après qu'il ait pu s'exprimer et présenter sa vision du problème.

L'investigation trop précoce peut susciter des réactions de défense ou d'agacement mettant un terme à la relation, laissant penser que vous recherchez plus une responsabilité qu'une bonne compréhension de la situation. La volonté d'en savoir plus est irrépressible : rien ne vous empêchera de poser des questions un peu plus tard, mais le début de la relation et la construction du rapport de confiance sont des moments importants qu'il ne faut pas gâcher par un excès de précipitation ou de curiosité.

- **L'évaluation,** quand les jugements arrivent immédiatement.

Cette attitude apparaît lorsqu'un partenaire émet un jugement sur ce que va dire l'autre, en se basant notamment sur des critères logiques, de normes ou de valeurs : « C'est juste », « C'est faux », « Tu n'aurais pas dû… »...

« Je me suis fait verbaliser alors que j'étais sur une place tout à fait autorisée, c'est injuste.
– Arrête de me raconter des histoires, tu t'es encore garé n'importe comment. »

Que votre partenaire mente ou dise la vérité n'est pas la question au début de la relation : si vous mettez en doute ce qu'il dit au bout de la première phrase, il y a peu de chance qu'il ait envie de poursuivre. Et s'il poursuit et ment, il va s'enfermer dans une histoire de laquelle il aura du mal à se sortir. L'encouragement est une technique appropriée dans ce cas :

« Tu t'es garé à quel endroit ? »

L'encouragement va donner l'occasion à l'autre de préciser les circonstances, et peut-être de s'apercevoir qu'effectivement il était sur un emplacement sur lequel il n'aurait pas dû stationner.

- **La suggestion,** quand on pense avoir déjà trouvé la solution au problème.

La suggestion consiste à proposer une solution à l'autre pour régler son problème rapidement. C'est une attitude fréquente quand on veut aider l'autre à trouver une solution rapidement. Mais en voulant aller trop vite, vous prenez le risque de freiner l'installation d'une relation dans laquelle votre partenaire va pouvoir explorer lui-même, avec votre aide, les solutions potentielles et faire son choix en toute connaissance de cause.

« Je ne sais pas comment gérer mon conflit avec le voisin.
– Tu n'as qu'à aller le voir une bonne fois pour toutes, vous vous expliquez et c'est réglé. »

Quand elle est faite trop tôt, la suggestion comporte plusieurs risques :

- Vous pouvez ne pas avoir compris clairement la situation, et proposer une solution inadaptée, voire absurde.
- Votre partenaire peut se sentir dévalorisé, car il n'a pas trouvé la solution lui-même.
- Votre partenaire peut penser que vous voulez aller vite, car vous n'avez pas de temps à lui consacrer.
- Le soutien, quand l'empathie se transforme en sympathie. L'attitude de soutien consiste à réconforter l'autre, en espérant faire cesser son trouble sans pour autant régler le problème. Ce soutien peut arriver trop tôt dans la relation, ou être perçu comme une généralisation, c'est-à-dire l'affirmation que le problème qui touche votre conjoint n'est pas isolé et qu'il est systématique dans ce genre de situation :

« J'ai l'impression qu'on ne se parle plus comme avant, et que l'on s'éloigne l'un de l'autre.
– Cela arrive à tous les couples après un certain temps, nous ne sommes certainement pas les premiers à connaître cela. »

Ce soutien, qui n'est pas une attitude empathique, risque d'être rejeté de la part de l'autre, car il constitue une sorte de banalisation du problème.

- **L'interprétation,** quand la perception de la situation est biaisée dès le départ. Dans l'attitude d'interprétation, le conjoint explique sa perception du problème à l'autre, selon son cadre de référence à lui et non pas selon celui de son partenaire. Il s'agit généralement de la traduction tronquée d'une situation partiellement perçue ou comprise :

« La boulangère a encore essayé de m'arnaquer, heureusement que je recompte ma monnaie à chaque fois.
– Arrête de voir le mal partout, c'est pénible. »

Cette vision de la situation, qui peut être vécue comme une incompréhension si elle est fausse, freine la relation et peut provoquer des réactions conflictuelles. À l'inverse, si votre partenaire accepte l'interprétation qui lui est proposée, il peut la rationaliser et l'intégrer dans sa propre perception : « Je suis paranoïaque, je dois changer. »

AUTODIAGNOSTIC

Savez-vous écouter ?

Répondez le plus spontanément possible aux questions suivantes en cochant les cases de 1 à 10 (1 : Ce n'est pas du tout mon cas ; 10 : C'est tout à fait moi).

	1	2	3	4	5	6	7	8	9	10
Je ressens naturellement les émotions des autres.										
Je sais reconnaître les émotions que je constate.										
Empathie et sympathie n'ont pas le même objectif.										
Je verbalise les émotions que ressent mon conjoint.										
Mon conjoint a le droit d'être en colère.										
Je sais gérer mes émotions quand c'est nécessaire.										
Une émotion excessive peut faire perdre le recul sur la situation.										
Savoir écouter, cela peut s'apprendre et se développer.										
J'essaye d'être neutre quand j'écoute quelqu'un.										
Je respecte les idées des autres.										
Chaque argument est objectif pour celui qui l'exprime.										
Je sais encourager les autres à l'échange et à la discussion.										
J'accepte les critiques quand elles sont objectives.										
Je prends garde à ne pas tomber dans les obstacles à la relation efficace.										

RÉSULTATS :

Les croix entre 7 et 10 indiquent votre appétence à l'écoute efficace et adaptée à la négociation.

Les croix entre 4 et 6 indiquent vos points forts qui ne demandent qu'à être perfectionnés pour vous rendre encore plus efficace.

Les croix entre 1 et 3 indiquent vos points d'amélioration et les thèmes sur lesquels vous devez être attentif lors de vos prochaines négociations.

Les personnalités difficiles

La vie de couple n'est pas un long fleuve tranquille, mais il est encore plus tumultueux quand l'un des deux partenaires a une personnalité qualifiée de difficile. À l'instar de Christophe André et de François Lelord[4], on peut dire qu'une « personnalité est dite difficile lorsque certains traits de son caractère sont trop figés ou trop marqués, inadaptés aux situations, et qu'ils génèrent de la souffrance pour elle-même ou pour autrui ». C'est la constance du trait de caractère dans le comportement d'une personne qui caractérise la personnalité difficile.

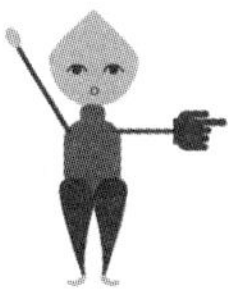

Il existe peu de statistiques sur ce sujet, mais plusieurs études récentes réalisées au États-Unis[5] indiquent qu'entre 9,1 % et 15,7 % de la population américaine auraient une personnalité difficile ; l'OMS signale que 25 % de la population mondiale aura, au cours de sa vie, un comportement de personnalité difficile.

Dans les premiers mois de vie commune, on ne s'inquiète généralement pas de certains comportements un peu « marqués » de son partenaire : une tendance à l'obsession des détails, des sautes d'humeur régulières, une anxiété récurrente… On pense que cela va passer, que le temps va aplanir tout cela. Mais dans la durée, ces traits de caractère sont de plus en plus marqués, agacent plus qu'ils n'étonnent, et finissent pas rendre la vie commune compliquée. Il faut garder à l'esprit que celui ou celle qui a une personnalité difficile ne l'a pas choisie, et c'est une souffrance dont il/elle n'a parfois même pas conscience.

Accepter de vivre avec une personnalité difficile, c'est savoir la reconnaître pour adopter un comportement adapté.

[4] François Lelord, Christophe André, *Comment gérer les personnalités difficiles*, Paris, Odile Jacob, 2000.
[5] www.nimh.nih.gov.

Il existe de nombreuses personnalités difficiles, mais nous ne traiterons que les principales, celles qui sont le plus souvent évoquées quand il s'agit de conflits entre conjoints.

LA PERSONNALITÉ DÉPRESSIVE

La personnalité dépressive voit souvent tout en noir : elle est pessimiste, n'envisage que le côté sombre des situations qu'elle vit, met de côté les potentiels aspects positifs et manifeste une tristesse constante. Elle se dévalorise régulièrement, se sent peu compétente, et culpabilise de tout. Elle est généralement an-hédoniste, et rejette toute idée de plaisir dans ce qu'elle fait.

> « La compagne de **Dominique** est une personnalité dépressive : elle n'arrive pas à se considérer comme compétente dans ce qu'elle entreprend, tout est sujet de dévalorisation. Et quand j'essaye de la rassurer, elle me regarde avec un sourire triste et prétend que je lui dis ça parce que je l'aime, même si ce n'est pas la vérité. C'est vraiment compliqué de lui remonter le moral, rien n'a l'air de marcher dans ce que je fais pour l'aider. »

À privilégier :

- Lui montrer l'aspect positif des situations qu'elle vit.
- Lui manifester de l'attention et de la considération à chaque occasion qui se présente.
- Lui faire pratiquer des activités agréables pour valoriser le plaisir.
- L'inciter à solliciter une aide auprès d'un thérapeute si son comportement est insupportable pour vous.

À éviter :

- Lui faire la morale et utiliser un ton réprobateur.
- L'inciter à voir la vie en rose, ce qui est impossible pour elle.
- Se laisser contaminer par son pessimisme.

LA PERSONNALITÉ NARCISSIQUE

Il n'est pas rare de rencontrer des gens qui s'aiment eux-mêmes, et qui s'admirent chaque fois qu'ils le peuvent. Mais la personnalité narcissique, elle, s'admire vraiment beaucoup. Elle a le sentiment d'être exceptionnelle, d'avoir toutes les qualités, et son ambition est à la mesure de l'estime qu'elle se porte. Du coup, elle souhaite attirer en permanence l'attention sur elle, et gare à celui qui ne lui manifesterait pas les égards qu'elle juge devoir lui revenir.
Côté émotion, ce n'est guère mieux : la personnalité narcissique accorde peu d'attention aux émotions des autres, mais sait les utiliser à des fins de manipulation. Pour ce faire, elle peut utiliser la peur, la culpabilité, voire même la flatterie.

> « **Sophie** a vécu avec un mari narcissique : il y avait des périodes pendant lesquelles il était adorable, et dans la seconde qui suivait, il me dévalorisait pour se mettre en avant. Il avait tout vu, tout fait, était le meilleur en tout, et les autres ne valaient rien. Pendant longtemps, je me suis dit que si j'étais gentille avec lui, il le deviendrait aussi. Mais cela n'a pas marché, et quand nous nous sommes séparés, cela a été terrible : pour ne pas perdre la face vis-à-vis de son entourage, il m'a fait passer pour la pire des personnes, et j'en ai beaucoup souffert. »

À privilégier :

- Montrer de l'attention à ses succès et ses réussites, sans trop en faire.
- Respecter les formes et les usages qu'elle reconnaît.
- Rester discret sur vos propres réussites.
- Expliquer clairement et objectivement vos éventuelles critiques.
- Être toujours attentif/ve aux éventuelles tentatives de manipulation.
- Inciter la personne à solliciter une aide auprès d'un thérapeute si son comportement est insupportable pour vous.

À éviter :

- Être en opposition systématique.
- Se moquer d'elle pour la blesser.
- Demander des choses en échange des privilèges que vous lui accordez.
- Se laisser charmer par ses dires et ses manipulations.

LA PERSONNALITÉ SCHIZOÏDE

La personnalité schizoïde, du grec schizo, « coupé du monde », se caractérise par un détachement vis-à-vis des autres et une froideur relationnelle et émotionnelle. Elle choisit la pratique d'activités solitaires, n'a pas ou peu d'amis et ne recherche ni marques d'intérêts, ni critiques ou compliments.
La personnalité schizoïde n'est pas schizophrène : la schizophrénie est une psychose caractérisée par une désagrégation psychique, la perte du contact avec la réalité et le repli sur soi, et doit être prise en charge par une thérapie spécifique.

> « **Alexandra** connaît ce type de personnalité : mon ami est un solitaire. Depuis que nous nous connaissons, je sais qu'il privilégiera toujours les activités qu'il pourra pratiquer tout seul. Il ne parle pas beaucoup, et je ne l'embête pas quand il ne veut pas discuter où quand il s'isole. Du coup, nous faisons de grandes promenades, tranquilles, et c'est finalement très agréable. Je n'attends pas qu'il se jette à mon cou quand je descends du train, il manifeste son amour autrement, et je m'y suis faite. »

À privilégier :

- Accepter le besoin de s'isoler régulièrement.
- Manifester de l'attention sans excès.
- Prendre en charge la vie sociale de votre couple.
- Inciter la personne à solliciter une aide auprès d'un thérapeute si son comportement est insupportable pour vous.

À éviter :

- La forcer à voir du monde et à sortir quand elle ne le souhaite pas.
- Exiger qu'elle manifeste ses émotions.
- Lui poser des questions sur ce qu'elle ressent.
- La laisser s'enfermer complètement dans son monde intérieur et dans sa solitude.

LA PERSONNALITÉ HISTRIONIQUE

La personnalité histrionique cherche en permanence à attirer l'attention des autres, elle doit faire l'objet de l'intérêt de tous quoi qu'il arrive. Le terme histrionique, du latin *histrio*, « acteur de théâtre », a depuis 1980 remplacé celui d'hystérique dans le vocabulaire spécialisé. La personnalité histrionique donne l'impression de « faire son cinéma », de se mettre en avant en manifestant des émotions exacerbées, très théâtralisées. Elle est capable de coups d'éclat, de provocations, pour attirer les regards et les marques de considération. Alternativement, elle peut idéaliser les personnes de son entourage pour ensuite les dévaloriser sans raison particulière.

> « **Arthur** vit avec une histrionique : j'ai été séduit par sa grandiloquence, sa capacité à s'emporter avec ferveur pour des détails de la vie courante. Puis ses manifestations d'humeur ont été embarrassantes, parfois très gênantes. Le matin, j'étais l'homme idéal, le soir, j'étais le pire des types. Mais comme je suis très amoureux, j'ai pris sur moi et je lui ai parlé de son comportement. Elle a réagi avec une grande colère, puis des pleurs, et j'ai tenu bon. Aujourd'hui, elle suit une thérapie et cela va bien mieux, pour elle d'abord et pour nous deux ensuite. »

À privilégier :

- Lui laisser l'occasion de s'exprimer régulièrement.
- Poser des limites dans l'expression de ses émotions et dans ses comportements inappropriés.

- Valoriser ses comportements « adaptés » quand elle en a.
- Accepter d'être tantôt sublimé, tantôt dévalorisé par elle.
- L'inciter à solliciter une aide auprès d'un thérapeute si son comportement est insupportable pour vous.

À éviter :

- Se moquer d'elle ou railler ses comportements.
- Se laisser emporter par ses émotions.
- Se laisser émouvoir.

LA PERSONNALITÉ PARANOÏAQUE

La personnalité paranoïaque se caractérise par une suspicion constante envers son entourage. Toujours sur ses gardes, elle va fouiller dans les détails du quotidien pour trouver les preuves de mauvaises intentions réelles ou supposées. Souvent jalouse, la personnalité paranoïaque va tenter de prouver votre possible infidélité, et vos arguments seront toujours retournés contre vous. S'il vous arrive de discuter avec une personne qu'elle ne connaît pas, elle va imaginer que vous avez entretenu une liaison avec lui/elle ou que vos souhaitez en avoir une. Attention, car si elle se sent trahie, elle peut exercer des représailles terribles au titre de sa vengeance.
Il faut manier la plaisanterie avec beaucoup de discernement, la personnalité paranoïaque se sentant souvent victime des traits d'humour. Au contraire, elle se montre rigide, logique, et démonte systématiquement les arguments qui lui sont opposés. À force de s'opposer aux autres, elle va se mettre son entourage à dos, ce qui ne va qu'accroître son sentiment de persécution.

> « **Hilda** a vécu quelques mois avec un homme qui avait une personnalité paranoïaque : c'est un très mauvais souvenir. J'étais très amoureuse, il était charmant, mais dès nos premières semaines ensemble, je me suis aperçue qu'il y avait quelque chose de bizarre. Et je l'ai surpris en train de lire mes sms. Il m'a dit qu'il pensait que je voyais quelqu'un en cachette : en fait, il interprétait toutes mes attitudes dans ce sens. J'ai essayé de

lui démontrer qu'il se trompait, mais cela a été pire. Il s'est calmé quelques jours, mais cela a recommencé. Je crois même qu'il m'a fait suivre. J'ai cessé de le voir, et il m'a harcelée au téléphone pour que je lui avoue qu'il avait raison et que j'avais un amant. C'était faux, mais je n'ai même pas répondu, et j'ai changé de numéro. »

À privilégier :

- Lui exprimer clairement vos intentions à son égard.
- Clarifier rapidement les possibles malentendus.
- Lui manifester de l'attention en respectant les formes et les usages.
- Ne pas hésiter à faire référence aux lois et aux règlements.
- Lui donner le sentiment de gagner les petits challenges du quotidien.
- L'inciter à solliciter une aide auprès d'un thérapeute si son comportement est insupportable pour vous.

À éviter :

- S'attaquer à l'image qu'elle a d'elle-même.
- Avoir des propos ou des expressions équivoques.
- Faire des actions dans son dos, sans la prévenir.

LA PERSONNALITÉ ANXIEUSE

La personnalité anxieuse se caractérise par des inquiétudes par rapport aux risques de la vie quotidienne. Tout lui fait peur, elle ne voit que les dangers potentiels des activités qu'elle exerce, et essaye de tout contrôler pour éliminer les risques, mêmes mineurs. Son aversion pour l'incertitude se manifeste par une tension psychique souvent excessive.

« **Mickael** partage sa vie avec un homme particulièrement anxieux : Paul est toujours stressé ; chaque fois que nous faisons quelque chose, il y a toujours un truc qui pourrait déraper, mal tourner, et il me pousse régulièrement à annuler des activités prévues de longue date. Je n'arrive pas à le faire sortir de ça, et je dois le rassurer sans cesse, c'est épuisant. Et hors de question pour moi de lui faire part des difficultés du quotidien, il pourrait en être malade ! »

À privilégier :

- Lui témoigner une réelle fiabilité.
- Lui manifester de l'attention et de la considération à chaque occasion qui se présente.
- Lui faire relativiser de manière factuelle et objective les risques qu'elle identifie.
- L'inciter à solliciter une aide auprès d'un thérapeute si son comportement est insupportable pour vous.

À éviter :

- Organiser des activités « surprise » pour lesquelles elle ne s'est pas préparée.
- L'inciter à prendre des risques pour « guérir » son anxiété.
- Lui faire partager vos propres inquiétudes de la vie ou sur des projets difficiles.

LA PERSONNALITÉ OBSESSIONNELLE

La personnalité obsessionnelle, aussi appelée anankastique, manifeste un perfectionnisme exacerbé. Toujours soucieuse des moindres détails, elle est rarement capable de décider tant qu'elle n'a pas eu des réponses à toutes ses questions. De ce fait, elle est très à cheval sur les règles et la rigueur morale.

« **Katerina** sait que son ami est obsessionnel : ce n'est pas une partie de plaisir mais j'en tire les bons côtés. Markus est toujours à revoir les détails de tout, alors c'est lui qui s'occupe des tâches qui m'agacent : il fait les comptes, gère les impôts et toute la paperasse. Je peux vous assurer que tout est nickel ! »

À privilégier :

- Lui montrer que l'on apprécie son sens de l'ordre et de la rigueur.
- Lui montrer que vous êtes fiable et précis en toutes circonstances.
- Lui exprimer vos éventuelles critiques de manière claire et circonstanciée.
- Faites lui faire des tâches dans lesquelles ces traits de caractère sont des qualités.
- L'inciter à solliciter une aide auprès d'un thérapeute si son comportement est insupportable pour vous.

À éviter :

- Se moquer de son souci du détail.
- Se laisser enfermer dans son système d'ultraprécision.
- Le prendre en défaut sur sa rigueur ou son sens de l'ordre.

Les principales personnalités difficiles

Type de personnalité	Traits de caractère principaux
Personnalité dépressive	Pessimisme, tristesse, dévalorisation permanente, an-hédonisme.
Personnalité narcissique	Sentiment de supériorité, ambition démesurée, peu d'attention aux émotions des autres.
Personnalité schizoïde	Froideur émotionnelle, solitude, silence, peu de relations avec son entourage et ses proches.
Personnalité histrionique	Théâtralisation des émotions, sautes d'humeur, volonté constante d'attirer l'attention.
Personnalité paranoïaque	Méfiance constante, rigidité argumentaire, culpabilisation des autres, réfractaire à l'humour.
Personnalité anxieuse	Inquiétude permanente, rejet du risque, attitude de contrôle, tension psychique.
Personnalité obsessionnelle	Perfectionnisme exacerbé, attention minutieuse aux détails, difficulté à décider.

Nous l'avons vu, de multiples obstacles se dressent parfois entre les partenaires d'une relation amoureuse. Plus ou moins importants, plus ou moins agaçants, ils peuvent faire l'objet de multiples négociations. Mais quand ils ne sont pas gérés efficacement, ou quand l'un des amants s'aperçoit qu'il n'est plus sur la même voie que l'autre, l'aventure doit s'arrêter… avec son lot de difficultés à négocier. Car la séparation aussi est une négociation.

5

C'est ici que nos chemins se séparent

Dans un couple, les conflits sont inévitables. Ils sont le signe d'une vie conjugale « active », dans laquelle chacun exprime ses opinions, surtout quand elles divergent de celles de son conjoint. Le conflit n'est pas le combat, c'est l'occasion de confronter des positions et éventuellement de créer de la valeur ajoutée en rebondissant sur les idées de l'autre. Mais il arrive que les désaccords soient si fréquents, si intenses et si violents qu'ils rendent intenable le maintien de la vie commune.

Les conflits conjugaux ne se terminent pas toujours par une séparation, mais si cette fin est inéluctable, il convient de la négocier au mieux, surtout en présence d'enfants. Dans ce chapitre, nous verrons comment donner au conflit sa juste importance, afin de mettre en œuvre les techniques pour éviter que le climat ne s'envenime. Nous verrons également que la situation se corse quand la séparation se fait pour un/une autre. Enfin, nous aborderons la meilleure façon de neutraliser les manœuvres dolosives que le conjoint délaissé pourrait vouloir utiliser contre vous.

Du conflit à la séparation

On entend souvent dire qu'un couple sur deux finit par divorcer. La réalité n'est pas très éloignée : l'Institut national des études démographiques[1] indique qu'en 2011, sur 100 couples mariés, 46,2 ont fini par divorcer[2].

Beaucoup de personnes qui se sont séparées après avoir vécu en couple ont du mal à identifier clairement ce qui a déclenché les premiers conflits « durs », qui ont eux-mêmes amené les conjoints à envisager une séparation. Les tensions sont souvent insidieuses, et montent en puissance avec le temps pour finalement devenir insupportables.

> « **Marc** est encore dubitatif sur les causes de sa séparation : j'aurais du mal à dire comment cela a commencé. Des détails du quotidien, apparemment banaux au début, qu'on supporte de moins en moins. Je pense que la raison de notre divorce a été plus profonde que de simples querelles du quotidien, mais comme tout devenait sujet de dispute, nous avons préféré nous arrêter avant que cela ne devienne invivable. »

[1] www.ined.fr.

[2] Si, par hasard, vous êtes les 0,2 % de couple, n'hésitez pas à nous écrire pour nous indiquer à quoi vous ressemblez !

LES PETITS RUISSEAUX DEVIENNENT DES TORRENTS EN COLÈRE

Les conflits conjugaux sont inévitables, c’est un fait. Alors, pourquoi certains couples ne parviennent pas à les appréhender pour éviter les ruptures, alors que d’autres traversent les tempêtes sans remettre en question leur union ?
La gestion des conflits devrait être enseignée dans l’année qui suit la rencontre entre deux partenaires, tant il s’agit d’un sujet important et susceptible de faire basculer une relation d’un amour idyllique à un enfer quotidien.

> « **Alix** est une négociatrice professionnelle, ce qui lui est profitable dans son couple : quand on est expert en négociation « business », on n’est pas toujours très bon dans ses négociations personnelles. Pourtant, mes compétences me sont utiles quand un conflit émerge entre ma conjointe Valérie et moi. J’essaye de rester authentique et spontanée, mais j’applique quelques principes qui me permettent d’être à l’écoute même quand je n’ai pas envie parce que je pense que c’est moi qui suis dans le vrai. J’essaye au maximum d’accepter les arguments de Valérie. Cela nous permet généralement de trouver des compromis, et d’éviter que les conflits ne s’enveniment. »

Les conflits n’ont pas de valeur en tant que tels, mais plutôt par l’importance qu’on leur accorde : comprendre leur montée en puissance et identifier les quelques règles de bon sens qui permettent de les neutraliser sont des compétences indispensables à tout conjoint soucieux de faire durer son couple.

La montée en puissance du conflit

La dynamique d’un conflit a été étudiée à de nombreuses reprises. Les étapes qui conduisent au blocage sont souvent les mêmes, quel que soit l’environnement dans lequel il se produit.

• **Les tensions :** tout commence généralement par ce que les protagonistes appellent des tensions, des frictions qui ne prêtent pas à conséquence *a priori*, mais qui entament un processus de discussion. À ce moment, on constate un possible désaccord sur un sujet particulier, chacun exprimant son opinion divergente ou son refus de l'opinion de l'autre. Tout bon négociateur sait que la négociation commence quand l'autre a dit non : c'est donc le début de la discussion pour mettre fin à ces tensions initiales.

« Cet été, je m'occupe de réserver un chalet à la montagne.
– Pourquoi la montagne ?
– Parce que nous sommes déjà allés plusieurs fois à la mer ces dernières années, et qu'il serait bon de changer un peu.
– Et alors, je ne vois pas où est le problème... »

• **La confrontation :** chaque partie prenante pensant qu'elle a raison et que son opinion est la bonne, elle expose ses arguments pour amener l'autre à constater qu'il n'y a rien de mieux à faire que de se ranger à sa position.

« La montagne, c'est l'air pur, l'oxygénation, le panorama, tout ce qu'il faut pour nous et les enfants.
– Nous avons la même chose à la mer, tes arguments ne tiennent pas. Et à la mer, on peut se baigner, faire du bateau, manger des glaces. »

Lors de l'étape de la confrontation, la pertinence des arguments n'est pas importante, ce qui compte, c'est qu'ils soient plus nombreux que ceux de l'autre.

• **La recherche d'appuis :** chacun va tenter de rallier à lui des appuis ou des opinions, réels ou supposés. L'objectif est d'appuyer les arguments avancés, et ainsi de modifier le rapport de force supposé.

« Les enfants vont adorer la montagne, ils vont découvrir un nouvel univers, des animaux...
– Les enfants préfèrent la mer, ils y ont déjà des copains. »

• **La négociation :** l'objectif est de trouver un compromis.

« On pourrait partir une semaine à la montagne et une semaine à la mer.
– Oui, mais quelle semaine, la première ou la deuxième ? »

Si chacun tient fermement à sa position, et attend que l'autre se range à ses arguments, on revient à l'étape de la confrontation. En revanche, si les compromis sont jugés satisfaisants par chacun, on décide d'une position commune.

- **Le constat :** l'accord ou le désaccord sont entérinés par les parties prenantes. Quand c'est le désaccord qui l'emporte, le conflit s'enkyste pour arriver parfois à l'affrontement.

« Bon d'accord, on va à la montagne. Mais je te préviens, l'année prochaine, c'est moi qui choisirai ! »

En cas de conflit, posez-vous la question : quel est notre objectif commun ?

La négociation est le meilleur moyen de résoudre un conflit en permettant à chacun d'exprimer son point de vue tout en identifiant l'objectif commun. Mais elle s'arrête quand aucun objectif commun n'est mis en avant : c'est souvent le début de la fin…

Quand tout devient sujet de discorde

S'il est si difficile de se rappeler quels sujets ont conduit à envisager une séparation, c'est que tout peut devenir matière à dispute, et s'envenimer jusqu'à la rupture. Et quand les tensions sont quasi permanentes, le moindre accroc peut déraper.

« Être bon, c'est être en harmonie avec soi-même. La discorde, c'est être forcé à être en harmonie avec les autres. »
Oscar Wilde

Dans le livre *Datavision*[3], qui traite d'une multitude de sujets en mode visuel, les motifs de divorce sont envisagés en fonction de leur récurrence. Ils sont classés dans l'ordre qui suit :

- l'infidélité d'un des conjoints ;
- les violences conjugales ;
- le manque de sexe ;
- l'ennui dans le couple ;
- l'abus d'alcool ou de drogue de l'un des conjoints ;

[3] David McCandless, *Datavision*, Paris, Robert Laffont, 2011.

- les différends économiques ;
- les dettes ;
- la carrière professionnelle d'un des conjoints ;
- le fait qu'un des conjoints soit trop concentré sur les enfants.

> « **Mathilde** faisait feu de tout bois : je me souviens de nos disputes avec mon ex-mari, c'était souvent puéril : les chaussettes qui traînent dans la salle de bains, la nourriture trop riche, les enfants mal habillés... Tout était prétexte à la dispute. Je pense que l'un et l'autre nous cherchions à ce qu'elle éclate. Les conflits étaient devenus notre quotidien, c'était presque un jeu malsain. Et pas question d'essayer de trouver des compromis, nous étions campés sur nos positions. Jusqu'au jour où nous avons décidé de nous séparer pour faire le point... Point qui a duré, puisque nous avons divorcé quelques mois après. »

EXERCICE

Quel a été votre dernier sujet de dispute ?

Un effet accélérateur est souvent évoqué par les couples qui se séparent : l'impression d'être le seul/la seule à faire des efforts pour arranger la situation. « J'en ai marre de faire des efforts » ou « Pourquoi c'est toujours moi qui dois faire des efforts ? ». Cette impression est accentuée par un effet que l'on appelle l'effet de halo : une situation est perçue comme une généralité, une constante, alors qu'elle n'est qu'une situation parmi d'autres. On ne retient que le « petit truc » qui fâche, alors que tout le reste n'a aucun impact sur la relation. Pour éviter cela, relativisez ! Posez-vous la question suivante : que restera-t-il de cet incident dans un mois ?
Les conflits ont une dynamique particulière. Il faut la comprendre pour parvenir à les désamorcer… quand c'est possible.

COMPRENDRE LES CONFLITS INTENSES POUR LES DÉSAMORCER

Nous avons tous été un jour surpris par l'annonce d'un divorce ou d'une séparation touchant un couple de notre entourage : « Ils avaient l'air très heureux. Pas un mot plus haut que l'autre, toujours très amoureux… » Attention aux impressions et aux interprétations, les apparences sont parfois trompeuses, car même des couples solides peuvent voler en éclats quand les conflits ne sont pas désamorcés.
Et nous connaissons aussi certainement des couples qui se disputent régulièrement, mais qui sont pourtant bien loin de se séparer. Avec quelques principes simples, tout désaccord peut être stoppé.

C'est la façon de se disputer qui importe, pas la fréquence ou l'intensité des disputes.

Fréquence et intensité des conflits

Des conflits réguliers dans un couple ne sont pas forcément les prémisses d'une séparation. Deux personnes qui ont des caractères forts, des avis parfois divergents, vont régulièrement se disputer pour exposer leurs positions sans pour autant envisager de se séparer. Quand les conflits sont d'intensité acceptable, ils peuvent être parfois pénibles à vivre. Et c'est quand leur intensité atteint un seuil intolérable que la vie commune devient insupportable : la fréquence n'importe pas, c'est l'intensité qui caractérise la gravité de la situation.

> « **Edmond** n'entrait jamais en conflit avec sa femme : ils se sont pourtant séparés : avec Lisa, tout allait toujours bien. Pas de dispute, toujours d'accord sur tout, jamais un mot plus haut que l'autre. Nous faisions l'admiration de tous nos amis, de nos enfants, et nous étions souvent cités en exemple de longévité. Pourtant, un jour, nous nous sommes aperçus qu'il n'y avait plus rien entre nous : plus d'amour, plutôt de l'amitié, plus de relations sexuelles, nous étions des colocataires. Et nous mourions d'ennui. Nous avons pris la décision, d'un commun accord, de nous séparer. À la grande surprise de tout le monde. Notre vie manquait de piment, et une bonne dispute de temps en temps aurait permis de se réconcilier ensuite... »

Les couples qui durent sont souvent ceux qui se disputent, mais qui savent passer outre les écueils des conflits. Ces allers et venues entre séparation et attraction psychologique entretiennent certainement la flamme et l'envie de rester ensemble. La réconciliation après le conflit est un moteur de longévité, à la condition cependant que chaque partenaire connaisse la limite à ne jamais dépasser.

> « **Léa** a quitté son ami quand il a levé la main sur elle : nos disputes étaient fréquentes, mais cela n'allait jamais bien loin. Quelques éclats de voix, parfois de la vaisselle cassée, nous mettions cela sur le dos de nos caractères bien trempés. Mais un jour, mon ami m'a bousculée, et a levé la main sur moi. Ce fut le signal de la fin : plus question de se réconcilier, car j'ai vraiment eu très peur pour mon intégrité physique. Je suis allée le soir même dormir chez mes parents, et je lui ai demandé de quitter l'appartement. Il a essayé de m'appeler plusieurs fois, mais je n'ai pas lâché. J'étais très amoureuse de lui, mais la violence physique est inacceptable ! »

AUTODIAGNOSTIC

Êtes-vous un adepte du conflit positif ?

Répondez le plus spontanément possible aux questions suivantes en cochant les cases de 1 à 10 (1 : Ce n'est pas du tout mon cas ; 10 : C'est tout à fait moi).

	1	2	3	4	5	6	7	8	9	10
Le conflit est un événement normal de la vie des familles.										
Chacun a sa propre définition du conflit.										
Tous les conflits n'ont pas la même importance.										
Le conflit sert à chaque protagoniste à affirmer ses points de vue légitimes.										
Chaque position des parties en conflit est légitime pour celui qui l'exprime.										
Le conflit peut permettre de créer une solution innovante.										
Le conflit peut être positif si des règles du jeu existent pour négocier une solution.										
Un conflit n'est pas forcément synonyme de problème insoluble.										
L'autoritarisme n'est jamais la bonne solution.										
La relation doit être maintenue, quelle que soit l'évolution du conflit.										
La violence verbale ne devrait pas être nécessaire pour affirmer sa position.										
La violence physique n'est jamais acceptable.										

RÉSULTATS :

Les croix entre 7 et 10 indiquent votre aptitude à positiver les situations de conflits et à en faire des étapes favorables au développement de votre couple.

Les croix entre 4 et 6 indiquent vos points forts qui ne demandent qu'à être perfectionnés pour vous rendre encore plus efficace.

Les croix entre 1 et 3 indiquent vos points d'amélioration et les thèmes sur lesquels vous devez être attentif lors de vos prochaines négociations en situation de conflit.

Les meilleures recettes pour désamorcer les conflits intenses
Apprendre à se disputer « en douceur » permet d'éviter le stress du conflit et de désamorcer les situations de tension. Les quelques règles qui suivent sont issues d'expériences de négociations complexes ou de gestion de conflits étudiées depuis plus de quinze ans. Elles reposent essentiellement sur des principes de forme, le fond dépendant spécifiquement du cas d'espèce.

- **Respirez profondément pour gérer l'émotion :** un conflit est souvent une source d'émotion importante. Le fait d'inspirer et expirer plusieurs fois permet de prendre du recul sur l'émotion primaire et d'éviter qu'elle ne se dégrade. Vous avez le droit d'être en colère, mais vous ne devez pas être agressif.
- **Commencez la discussion en posant les règles du jeu :** pas de cris, on s'écoute, on laisse l'autre s'exprimer. Cela va sans dire, mais cela va mieux en le disant.
- **Si l'autre s'énerve, proposez de reporter :** mieux vaut attendre que les émotions soient apaisées si on veut avoir une discussion efficace.
- **Évitez de monter le ton :** quand les échanges se tendent, il est facile de parler plus fort en imaginant que cela va impressionner l'autre et appuyer ses arguments. Grave erreur : c'est une spirale agressive qui va conduire chacun à monter le ton et empêcher toute capacité d'écoute.
- **Gardez en tête le « principe de réciprocité » :** si vous critiquez votre conjoint, il sera enclin à vous critiquer également. Si vous commentez son point de vue avec des éléments positifs, il aura tendance à faire de même.
- **Regardez votre interlocuteur dans les yeux :** c'est la meilleure manière de montrer votre franchise et de susciter un contact authentique.
- **Évitez les sujets de mésentente permanente :** il existe toujours des sujets « insolubles » dans le couple, apprenez à vivre avec.
- **Pas d'expression négative, évitez les « non » :** répondre négativement de manière systématique génère un climat encore plus conflictuel.

- **Évitez les phrases contenant « toujours » ou « jamais » :** cela amène souvent des jugements ou des positions définitives desquels il est difficile de sortir.
- **Pratiquez l'écoute active[4] :** paraphrasez, reformulez et identifiez les émotions de l'autre.
- **N'abordez qu'un seul sujet à la fois :** si vous vous laissez emporter en voulant « vider votre sac », vous ne pourrez pas tout résoudre.
- **Laissez votre partenaire s'exprimer jusqu'à la fin,** une fois que vous avez terminé d'exposer votre point de vue : chacun parle à la suite de l'autre.
- **Posez des questions :** cela démontrera votre intérêt pour ce qu'exprime votre conjoint, vous permettra de clarifier ses positions et d'éviter les interprétations.
- **Ne donnez votre avis que si votre partenaire vous le demande :** dans un climat de tension, recevoir un avis non sollicité peut être perçu comme la volonté de prendre le contrôle.
- **Sachez vous excuser quand vous avez tort :** ce n'est pas toujours aisé, mais cela facilite tellement la vie…

Ces règles de forme ne sont toutefois pas des sésames magiques, et il serait utopique de croire qu'en les appliquant, on éviterait les conflits de forte intensité au sein du couple.

Remplissez votre compte épargne de positivité !

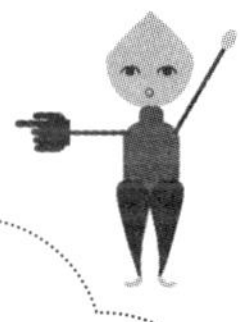

Pour durer, un couple doit régulièrement remplir son capital de positivité : des mots doux, des attentions, des petits gestes, identiques à ceux que l'on utilisait au début : « Je t'aime », « Tu m'as manqué aujourd'hui », un bouquet de fleurs, un dîner en amoureux… Rien de tel pour garder une ambiance constructive et éviter au maximum les conflits intenses.

« Le monde appartient aux optimistes, les pessimistes ne sont que des spectateurs. »
François Guizot

Parfois, toutes ces méthodes sont infructueuses, malgré la bonne volonté de l'un ou des deux partenaires. Il faut alors savoir dire stop, s'arrêter avant que les conséquences ne deviennent désastreuses.

[4] Voir chapitre 4, p. 104.

SAVOIR S'ARRÊTER AVANT DE TOUT CASSER

Réussir à faire la paix quand le conflit est permanent n'est pas toujours possible, et il faut savoir s'arrêter. Ce que les négociateurs professionnels appellent « la clôture » est un moment toujours complexe : quand arrêter une négociation ? Avant d'avoir atteint l'objectif quand on a l'intuition qu'on n'obtiendra pas plus ? Tenir jusqu'au bout, car il y a toujours un espoir de maximiser ses gains ? Il n'existe aucune règle ni aucun critère universel. Il en est de même quand un couple s'aperçoit que la vie commune est une souffrance : quand décider de s'arrêter avant de tout casser ?

Les freins à la prise de conscience

Rien ne va plus, c'est la guerre des tranchées dans le couple. Alors, pourquoi rester ensemble ? Nous connaissons tous des couples qui reconnaissent ne plus rien partager, ne plus avoir de projets communs, mais qui restent ensemble parce que « c'est comme ça ». Il existe plusieurs freins à la prise de conscience d'une situation de blocage, avec des sources liées soit à des mécanismes de défense, comme le déni, soit à la culture, à l'éducation, ou à la volonté de faire « bonne figure » pour les enfants et la famille.

Le déni

Le déni est un mécanisme de défense fréquemment rencontré. Ces mécanismes sont les stratagèmes mis en œuvre inconsciemment par une personne pour éviter le conflit entre la perception de la réalité et ses impératifs personnels, moraux ou culturels. Le déni consiste à refuser la réalité d'une perception, parce qu'elle est vécue comme dangereuse ou douloureuse pour celui qui s'y trouve confronté. Dans le cadre du déni au sein du couple, au moins un des conjoints refuse de reconnaître les difficultés rencontrées, ce qui rend impossible son implication dans une éventuelle décision de rupture.

« **Pierre-Antoine** et sa femme vivent une situation de déni : Ingrid refuse complètement de voir que plus rien ne nous unit. Nous ne partageons rien, nous n'avons pas d'enfants, nous n'avons même plus les mêmes projets de vie, et pourtant elle refuse de voir la réalité en face. Quand j'évoque une possible séparation, elle coupe court à la discussion en disant : « Ce n'est pas si grave, je ne vois pas où est le problème. » Je ne sais pas comment nous sortir de cette impasse, et j'envisage d'aller consulter un psychologue. »

La fascination de l'objectif

Certains couples s'accrochent coûte que coûte à leur relation, malgré les difficultés quotidiennes, et sans percevoir que le maintien de la vie commune leur fait plus de mal que de bien. C'est ce que l'on appelle en négociation la fascination de l'objectif : un négociateur peut être tellement concentré sur l'objectif qu'il s'est fixé qu'il va y croire jusqu'au bout, même quand tout indique que l'objectif ne pourra être atteint.

Dans le cadre d'un couple en difficulté, les partenaires vont s'enfermer dans cette envie forcenée de croire qu'ils pourront sauver la situation quoi qu'il arrive, au risque de finalement tout casser.

« **Aline** et son mari ont fait exploser leur couple à force de vouloir recoller des morceaux qui n'allaient plus ensemble : nous avons tout fait pour sauver notre relation, mais le remède a été pire que le mal. Nous voulions tellement être le couple parfait que, quand les premières difficultés sont apparues, nous avons considéré que ce n'était pas grave. Quand elles se sont aggravées, nous avons continué malgré tout. Nous en sommes arrivés à nous dire des choses terribles, et tout a volé en éclats. Notre séparation a été catastrophique, et nous nous sommes déchirés. Je n'ai pas voulu cela, mon ex-mari non plus... »

La pression de conformité

La pression de conformité et la « honte » du divorce sont aussi un frein à la prise de conscience de la nécessité de se séparer. Certaines personnes, du fait de leur milieu social et de leur éducation, considèrent que le divorce n'est pas admissible : il n'est donc pas question de se séparer.

> « **Martin** ne divorcera jamais : avec mon épouse, nous ne sommes pas aussi heureux que nous le souhaiterions, mais il n'est pas question de divorcer. Nous appartenons à un milieu où cela ne se fait pas. À nous d'assumer nos difficultés sans que cela ne se voit de l'extérieur. »

La pression culturelle ou religieuse

L'appartenance culturelle peut aussi être un obstacle à la séparation. Certaines religions interdisent tout simplement le divorce, tout comme certaines cultures, qui le considèrent comme une atteinte à leurs principes fondamentaux. Dans un tel environnement, un couple qui aurait pleinement conscience de la nécessité de se séparer pourrait ne pas envisager une telle éventualité pour ne pas se retrouver exclu de sa communauté.

Les enfants

« On reste ensemble pour les enfants. » Combien de fois avons-nous entendu cette phrase ? Il n'y a pas de vérité en la matière, mais il faut savoir se poser les bonnes questions : est-ce vraiment pour leur bien ? Que penseront-ils d'un couple en conflit permanent ?

> « **Caroline et Laurent** ont su prendre la bonne décision : nous étions plus des colocataires que des conjoints, mais cela nous convenait. Chacun vivait sa vie, et nous nous en contentions. Je pense que nous restions ensemble pour les enfants. Mais cela n'avait pas vraiment de sens, car ils voyaient bien que nous n'étions plus sur la même longueur d'ondes. Quand nous leur avons annoncé notre décision de nous séparer, ils l'ont parfaitement comprise. Depuis, tout va très bien ! »

Décision unilatérale ou décision conjointe ?

La décision de se séparer est lourde de sens, car elle va avoir des conséquences majeures sur les parties prenantes. Des impacts psychologiques, tout d'abord, car même si la séparation est souhaitée par les deux conjoints, c'est un moment toujours difficile. Des conséquences sur les enfants du couple, ensuite, qui devront intégrer ce changement majeur dans leur façon de vivre. Des conséquences financières, enfin, surtout si le couple a bâti un patrimoine commun.

> « **Sophie** n'avait pas anticipé les difficultés de la séparation : nous étions d'accord pour nous séparer, nous n'étions pas mariés, n'avions pas d'enfants, cela paraissait simple. Mais je n'avais pas vu venir le contrecoup psychologique. Quand je me suis retrouvée seule dans notre appartement, avec plein de souvenirs communs, cela a été très difficile. Je suis tombée en dépression, et j'ai dû me faire aider par un thérapeute pour reprendre pied. Je n'aurais pas imaginé que cela aurait été si dur... »

La prise de décision la plus efficace est celle qui emporte l'agrément des deux parties prenantes : chacun est d'accord pour se séparer, tout a l'air de se passer au mieux. C'est là que les choses peuvent se compliquer : la répartition du patrimoine, la garde des enfants, le montant des pensions ou des prestations compensatoires vont faire l'objet de négociations.

Si vous êtes mariés, vous devrez vous tourner vers un avocat pour vous aider : il vous permettra de connaître les usages en la matière et rédigera les documents nécessaires au jugement de divorce. N'hésitez pas à le solliciter dès le début de vos réflexions, car ses conseils vous aideront à vous orienter vers la procédure la plus appropriée. Si vous n'êtes pas mariés, il n'est pas inutile de consulter un avocat ou un notaire pour là aussi organiser au mieux votre séparation.

Quand un seul des conjoints souhaite une séparation, la négociation commence. Il faut faire accepter à l'autre que c'est la seule issue possible. Or, il se peut qu'il soit bloqué par un des freins à la prise de conscience[5]. Il est alors nécessaire de faire preuve d'écoute et d'empathie pour l'amener à accepter cette solution drastique. La meilleure façon d'y parvenir, c'est de démontrer qu'il y a un objectif commun dans cette séparation. Quand l'objectif est partagé, la décision peut être prise. Mais si le conjoint récalcitrant n'adhère pas à cet objectif commun, la décision sera unilatérale, avec tout son corollaire de difficultés.
Il existe une option intermédiaire quand une séparation est envisagée : prendre un peu de recul et se séparer temporairement. Pour quelques jours, quelques semaines, histoire de se retrouver avec soi-même pour faire le point, relativiser la situation, et revenir à la discussion avec une vision plus claire. Cette solution est moins engageante qu'une séparation définitive et peut être plus facile à accepter pour celui des deux qui ne souhaite pas mettre fin à la relation.

Vous le/la quittez pour un(e) autre

Parmi les motifs de séparation, l'infidélité d'un des conjoints est souvent évoquée. Celui-ci peut trouver des dizaines de bonnes raisons pour être allé voir ailleurs : un environnement conflictuel à la maison, une rencontre extraordinaire, l'ennui d'un couple qui s'essouffle… Alors comment agir quand on a rencontré quelqu'un et que l'on souhaite refaire sa vie avec lui ? Faut-il dire la vérité, au risque de blesser son conjoint ? Faut-il mentir, au risque de laisser paraître des signes de tromperie ?

« J'AI QUELQUE CHOSE À TE DIRE… J'AI RENCONTRÉ QUELQU'UN. »

Tous ceux qui sont passés par là savent que cette situation est très sensible, car si dans le cadre de conflits récurrents, chaque conjoint

[5] Voir chapitre 5 p. 128.

peut avoir sa part de responsabilité, quand on décide de se séparer pour un/une autre, on endosse seul(le) la charge de la rupture.

> « **Ivan** s'est retrouvé dans cette situation : marié depuis huit ans, j'ai rencontré une femme dont je suis tombé très amoureux. Nous avons entretenu une relation pendant plus d'un an, et j'ai décidé de demander le divorce. Mais j'ai terriblement culpabilisé, car je n'avais rien à reprocher à celle qui était alors ma femme. Elle n'avait rien fait de mal, était parfaite… mais je ne voulais plus vivre avec elle. Cela a été très dur mais j'ai préféré être franc. Elle l'a bien sûr très mal vécu, mais a fini par l'accepter. »

Est-ce le bon choix ?

Avant d'envisager de quitter votre conjoint et de mettre fin à une histoire, réfléchissez bien ! Prenez le temps, assurez-vous que vous avez trouvé la bonne personne, que ce choix est vraiment le bon. Il ne faut pas confondre amour et passion : après quelques années de vie commune, l'ennui peut s'installer, les enfants peuvent modifier l'équilibre du couple, et une rencontre peut redonner une impression de liberté et de folie : des dîners en tête à tête, des week-ends en amoureux, tout ce qu'on ne prend plus le temps de faire quand le couple s'installe dans la routine.

Pour éviter cette impression, rappelez-vous qu'on n'a jamais terminé de se séduire dans le couple[6]. Entretenez la flamme, même si elle est moins vive qu'avant.

Mais si la rencontre que vous avez faite vous hante, si vous avez l'impression de retrouver vos 14 ans et que vous êtes persuadé qu'elle/il est la femme/l'homme de votre vie, prenez le temps de bien réfléchir. Balayer des années de vie commune pour quelques semaines de folie amoureuse est une décision lourde de conséquences. Ne vous précipitez pas et attendez d'être vraiment sûr(e) de vous.

Faut-il l'avouer ?

Savoir s'il faut mentir ou dire la vérité quand on veut quitter son conjoint pour un/une autre est un vrai dilemme et ce, pour plusieurs raisons :

[6] Voir chapitre 3, p. 65.

- on ne veut pas blesser l'autre : se dire que l'on a été remplacé par quelqu'un d'autre dans le cœur de celui/celle que l'on a aimé est extrêmement difficile à accepter ;
- on ne veut pas déclencher des hostilités qui risquent d'être terribles ;
- on ne veut pas passer pour le traître qui brise le rapport de confiance ;
- on veut préserver celui/celle que l'on a rencontré(e) et ne pas l'impliquer dans la séparation.

« Ne jetez pas la pierre à la femme adultère, je suis derrière. »
Georges Brassens

Mentir ou dire la vérité, là encore, il n'y a pas de bonne réponse à apporter. Mais si on s'inspire encore une fois de l'expérience des négociateurs professionnels, mentir est généralement le mauvais choix :
- il est difficile de mentir avec conviction, et quelqu'un d'attentif peut déceler assez facilement les signes de tromperie, notamment quand les enjeux du mensonge sont forts ;
- mentir dans la durée est intenable : il faut contrôler l'ensemble des informations données pour ne pas se contredire, répondre toujours la même chose à des questions posées de diverses façons, et se souvenir de tout ce qui a été dit pour rester crédible jusqu'au bout ;
- sortir d'un mensonge est très difficile : une fois qu'on est rentré dans la logique de cacher la vérité, impossible de faire machine arrière, à moins d'accepter de perdre la face.

La vérité est toujours plus facile à assumer que le mensonge.

GÉRER L'ÉMOTION DE L'AUTRE

Une rupture liée à une liaison adultère est certainement celle qui génère le plus d'émotions, notamment pour le conjoint « victime » de la situation. Les émotions les plus prévisibles sont la surprise, la colère et la tristesse.

> « **Marie** n'avait rien vu venir : quand mon ami m'a annoncé qu'il me quittait pour une autre, je suis tombée de haut. J'étais sidérée : impossible de parler, je suis restée prostrée pendant deux jours. Et puis je lui en ai voulu, terriblement. J'ai balancé toutes ses affaires sur le palier, j'avais vraiment envie de lui faire du mal tellement il m'avait fait souffrir. Aujourd'hui, la colère est passée, je suis juste triste que notre histoire se soit terminée ainsi. »

Faire parler ses émotions, ce n'est pas perdre le contrôle sur ce qui se passe, c'est monter à l'autre que ce qui se produit vous impacte au niveau émotionnel. L'émotion est l'élément de base de l'alchimie de la relation, sans elle, pas de lien efficace. C'est pour cela que l'empathie est une matière enseignée à tous les négociateurs professionnels.

La manifestation d'une émotion est souvent perçue comme une marque de faiblesse ou un signe de perte de contrôle de la situation. C'est faux : on ne peut pas empêcher l'émergence d'une émotion, alors autant l'utiliser en l'acceptant et en la gérant au mieux.

Impuissance et trahison

Les sentiments d'impuissance et de trahison sont souvent décrits par ceux qui apprennent qu'ils ont été trompés. L'impuissance est le sentiment de ne plus pouvoir se défendre, de ne pas pouvoir agir d'une quelconque façon pour changer la situation.

Il est accentué par le sentiment de trahison, qui résulte de la révélation de la tromperie, accroc majeur au contrat de confiance qui sert de base à toute relation amoureuse. La prise de conscience que la promesse de fidélité n'a pas été tenue, accentuée par l'effet de surprise et le sentiment d'impuissance à changer la situation constituent un cocktail détonant qui va générer de multiples réactions, la principale étant l'émergence d'une réelle colère, souvent très expressive.

La colère

Quand il/elle apprend qu'il/elle va être quitté(e) pour un/une autre, le conjoint trompé va forcément éprouver de la colère envers celui/

celle qui l'a trahi. Émotion dite primaire, la colère est toujours légitime pour celui qui l'éprouve. La meilleure façon de la neutraliser, c'est-à-dire d'éviter sa dégradation en agressivité, c'est de la verbaliser : « Je sais que ce que je t'annonce est très difficile à entendre, et je comprends que tu sois en colère. » Cela n'annulera pas l'émotion, mais permettra à l'autre de comprendre qu'on a bien pris conscience de l'émotion qui l'anime. C'est la meilleure façon d'éviter l'escalade.

On entend souvent dire qu'il faut rester de marbre face à quelqu'un qui manifeste sa colère. C'est un conseil dangereux, car ne manifester aucune réaction quand l'autre vous montre qu'il vit une émotion forte, ce serait nier son droit à avoir cette émotion et encourager la dégradation vers une agressivité qui ne servirait à rien.

> « **Ludmilla** a apprécié que sa colère soit reconnue : quand j'ai appris qu'il m'avait trompée, j'ai voulu étrangler mon mari. J'étais folle de rage, je crois que je n'ai jamais crié aussi fort. Mais il m'a dit qu'il s'excusait, et qu'il comprenait parfaitement que je sois en colère et que je lui en veuille. Cela ne m'a pas apaisée pour autant mais, au moins, j'ai eu l'impression qu'il me comprenait. Je voyais que cela le rendait triste. Nous avons au moins partagé nos émotions. »

Les manœuvres dolosives

Quand le conflit s'envenime, que la séparation se passe mal, quand aucun objectif commun ne permet aux partenaires de s'entendre sur une issue pacifique, l'un des deux peut être tenté d'user de ce que les négociateurs appellent les manœuvres dolosives : les menaces sont les plus fréquentes.

> *« La menace ne sert d'armes qu'aux menacés. »*
> *Léonard de Vinci*

> « **Agathe** a vécu son divorce sous la menace constante de son ex : il a passé tout le temps de notre séparation à me menacer : il venait sur mon lieu de travail pour m'insulter devant tout le monde, il disait à tous nos amis que je passais mon temps à coucher avec tout le monde... Un enfer ! »

On peut envisager trois types de menaces : les menaces de réputation, les menaces de suicide et les menaces sur les enfants.

LES MENACES DE RÉPUTATION

La menace de réputation vise à porter atteinte à l'image du conjoint considéré comme fautif dans la séparation. La menace peut être utilisée de manière proactive : « Si tu ne fais pas cela, je vais dire à tout le monde quel monstre tu es. » Elle peut être également réactive : « Si tu te conduis comme cela, je dis tout sur toi. » Une menace doit toujours être prise au sérieux, même si elle ne paraît pas toujours crédible. La menace de réputation est fréquente, car elle est facile à mettre en œuvre. Malheureusement, elle est parfois mise à exécution par celui/celle qui la profère.

> « **Maxime** a souffert d'atteinte à sa réputation : dans les semaines qui ont suivi mon divorce, mon ex a envoyé des dizaines de lettres à toutes mes connaissances, personnelles et professionnelles, pour dire les pires atrocités sur moi. Tout était faux, mais cela a tout de même impacté mon image vis-à-vis de nombreuses personnes. Les gens comprenaient qu'elle agissait sous l'effet de la vengeance, mais j'ai entendu plusieurs fois : « Il n'y a pas de fumée sans feu. » Je ne pensais pas qu'elle passerait à l'acte. »

LES MENACES DE SUICIDE

Les menaces de suicide sont aussi utilisées dans les séparations difficiles, souvent en dernier recours. Les négociateurs professionnels utilisent quelques règles face aux menaces de suicide :

- elles sont toujours à prendre au sérieux, même si vous pensez qu'il s'agit de bluff ;
- on ne provoque jamais quelqu'un pour qu'il mette sa menace à exécution ;
- il faut verbaliser l'émotion de l'autre de manière objective ;
- on peut appliquer les techniques d'écoute active ;
- il est possible de verbaliser la souffrance de l'autre en indiquant qu'elle est telle qu'elle peut donner envie à l'autre de mettre fin à ses jours. Verbaliser l'envie de mourir permet à l'autre de prendre conscience de l'ampleur de sa menace.

Quand la menace de suicide est permanente, ou qu'il existe le moindre indice d'un possible passage à l'acte (achat de matériel, rédaction d'une lettre d'adieu), il est impératif de demander de l'aide auprès d'un spécialiste.

LES MENACES SUR LES ENFANTS

Les menaces sur les enfants sont rares mais très impactantes. Elles sont inadmissibles, et doivent être exclues de toute discussion entre des partenaires qui se séparent. L'objectif commun d'un couple dans une telle situation, ce sont les enfants : hors de question qu'ils soient utilisés comme instrument de menace.

> « **Luc** a marqué son opposition à ce type de menace : mon amie, avec laquelle je n'étais pas marié mais avec qui j'avais deux enfants, m'a menacé de s'enfuir à l'étranger avec les petits si je la quittais. J'ai tout de suite mis le holà en indiquant que si elle réitérait ce type de menace, nous arrêtions immédiatement de discuter. Je savais que c'était du bluff, mais hors de question d'accepter cela. Elle a essayé encore une ou deux fois, mais elle a vite compris que l'intérêt des enfants passait avant tout. »

Être séparés ne signifie pas mettre fin à toute relation : on ne balaie pas d'une simple signature sur un compromis de divorce des années d'amour, de partage et de projets communs. Au contraire, ce sont de nouvelles relations qui doivent se mettre en place pour préparer l'avenir. Négocier des vies séparées devient alors un objectif partagé pour faire en sorte que seul reste le meilleur d'une relation qui a cessé désormais, mais qui a produit le plus beau des projets qui soient : des enfants.

6

Négocier des vies séparées

Ça y est : la séparation est entérinée, vous avez retrouvé votre liberté, votre ex-partenaire et vous-même voguez chacun dans des directions différentes…
Pourtant, ce n'est pas pour autant que l'aventure s'arrête, surtout si vous avez des enfants en commun : vous allez devoir négocier vos vies séparées, car vous serez amenés à vous revoir régulièrement.

Les enfants sont le principal motif de poursuite des relations entre personnes séparées ou divorcées. Prenons l'exemple d'un couple qui se sépare et qui a un enfant de 8 ans. Si ce dernier suit des études et reste à la charge de ses parents jusqu'à ses 25 ans, ils auront encore dix-sept ans de vie en commun, à rester en contact pour échanger sur son éducation. Si vous ajoutez à cela les partenaires que vous aurez et que votre ex aura également, et d'éventuels enfants de chaque côté, l'alchimie devient compliquée et les sources potentielles de conflit s'additionnent.
Alors, autant que ces futures années se passent dans les meilleures conditions et que les relations soient stabilisées, dans l'intérêt de tous.

Stabiliser les relations

En 2012, 128 371 divorces ont été prononcés en France métropolitaine[1], soit près de 350 divorces par jour.

Une nouvelle fois, la négociation peut venir au secours des couples en leur permettant de stabiliser leurs relations. S'ils ont un objectif commun, les ex-partenaires devront bien s'entendre pour l'atteindre au mieux des intérêts de chacun. Mais rien n'est aussi simple : les mois qui suivent une séparation, surtout si elle a été tumultueuse, ne sont pas toujours de tout repos. Les ex, ou l'un d'entre eux au moins, peuvent être tentés de se « venger » de l'autre, et de créer un climat peu favorable à une entente cordiale.

[1] www.insee.fr.

LE TEMPS DES PETITES VENGEANCES

Dans la plupart des cas de rupture, les problèmes de la séparation font naître une amertume entre les ex-conjoints, ce qui peut nuire considérablement à leur volonté de s'entendre.

> « **Paul** et son ex se sont tirés dans les pattes : nous nous sommes séparés en pensant que nous resterions bons amis. Mais il n'en a rien été : notre rupture s'étant accompagnée de nombreuses tensions, nous avons passé notre temps à nous chamailler. Nous devions vendre notre appartement, mais chaque fois qu'un acheteur était amené par l'un, l'autre trouvait toujours une raison de ne pas faire affaire. Je pense que nous voulions mutuellement nous venger. C'était stupide. »

Quand un ex se sent trahi par l'autre, il peut vouloir le lui faire payer, par tous les moyens qu'il trouvera appropriés : c'est le temps de la vengeance.

> *« Si le sommeil ne séparait pas les couples, il y aurait deux fois plus de divorces. »*
> *Philippe Bouvard*

On ne connaît bien son conjoint que quand on le quitte
Vous allez redécouvrir votre ex quand vous l'aurez quitté(e), et il/elle sera capable de faire des choses que vous n'auriez même pas imaginées. On entend souvent cette phrase : « Je ne l'imaginais pas capable de me faire cela. » Or la vengeance, si elle ne sert pas à grand-chose dans le fond, a une utilité pour celui qui l'exerce : l'orgueil et la survie de son ego.

« **Marlène** s'est vengée de son ex : je ne suis pas fière de ce que j'ai fait (et je ne vous dirai pas de quoi il s'agit), mais j'avais besoin de le faire. Je me suis sentie trahie, trompée, et je n'ai pas pu m'empêcher de me venger. C'était inutile, mais au moins j'ai eu l'impression de rééquilibrer le mal qu'il m'avait fait. »

Si vous êtes le conjoint qui se trouve victime de la vengeance de son ex, acceptez son envie de vouloir vous faire payer votre rupture, surtout si vous l'avez quitté(e) pour un(e) autre. Vous allez vivre un sentiment qu'il/elle a vécu quand vous lui avez annoncé votre envie de vous séparer : le sentiment d'impuissance. Car vous ne pourrez rien changer à son envie de se venger.
Mais posez des limites rapidement :

« Je comprends que tu sois en colère, que tu veuilles t'en prendre à moi pour ce qui s'est passé, mais tu ne dois pas aller trop loin dans ton comportement, car je ne souhaite pas que nous entrions dans une guerre des tranchées. »

En verbalisant son émotion, vous positionnez également une limite que vous ne voulez pas voir dépassée.
Si vous êtes le conjoint qui souhaite se venger, réfléchissez avant de passer à l'acte : qu'est-ce que cela va vous apporter ? Quel est l'intérêt de faire du mal à votre ex ? Attendez un peu, laissez couler de l'eau sous les ponts, et vous verrez que votre entreprise de vengeance perdra rapidement de son intérêt.

EXERCICE

Quelles sont les pires vengeances d'ex dont vous avez entendu parler autour de vous ?

Œil pour œil, dent pour dent ?

Quand on est victime d'une vengeance de la part de son ex, l'instinct grégaire peut revenir au galop et l'envie d'appliquer la loi du talion peut envahir celui qui est l'objet de la vengeance de l'autre.

Les premiers signes de la loi du talion prennent corps dans le code babylonien de Hammurabi, en 1730 avant J.-C. Dans ce texte, plus de deux cents jurisprudences évoquent la réciprocité entre le crime commis et la peine encourue : c'est le célèbre « Œil pour œil, dent pour dent ».

Gardez en tête le principe de réciprocité[2] : si vous critiquez l'autre, il vous critiquera. Si, au contraire, vous positivez la situation, il sera beaucoup plus enclin à faire de même. C'est réaliser un effort que de ne pas tomber dans cette spirale de la vengeance, mais un effort payant dans la durée.

> « **Ivan** a enrayé l'escalade : mon ex-femme m'en voulait tellement qu'elle faisait feu de tout bois pour me nuire. Mais je ne suis pas rentré dans la même logique, et quand elle disait du mal de moi à nos amis, je disais du bien d'elle et je mettais en avant ses bons côtés. Je savais que cela allait lui revenir et, après quelques jours, j'ai appris qu'elle s'était calmée. J'ai préféré jouer le positif pour inverser la spirale des comportements entre nous. »

Des règles de vies séparées

À l'instar des règles de vie commune que le couple doit négocier quand il s'installe dans la durée[3], des règles de vies séparées peuvent être négociées pour permettre la poursuite de relations stables. Ces règles sont indépendantes de la qualité des liens entre les ex : même s'ils ne s'entendent pas, il faut créer ces cadres d'action communs auxquels on ne déroge pas.

Malheureusement, ces règles sont généralement établies dans la période sensible et confuse de la rupture. Il n'est pas inutile de laisser

[2] Voir chapitre 5, p. 126.

[3] Voir chapitre 2, p. 41.

passer un peu de temps avant de construire ce « code de conduite » pour qu'il puisse prendre toute sa place dans la relation future.
Il existe une multitude de sujets de vies séparées qui peuvent être abordés dans les règles du jeu. À chaque couple séparé de choisir les thèmes qui seront l'objet des accords communs. Citons, par exemple :

- l'éducation des enfants[4] ;
- les dépenses communes éventuelles (entretien d'un bien commun…) ;
- la vente de biens communs ;
- les relations avec les amis communs.

EXERCICE

Quels sont les points que vous souhaitez négocier avec votre ex ?

LES AMIS CHOISISSENT LEUR CAMP

La rupture d'un couple est aussi le moment de vérité quant aux amis communs. Il y a ceux qui souhaitent garder de bonnes relations avec les deux partenaires, et ceux qui choisissent leur camp, en prenant partie pour l'un et contre l'autre.

[4] Voir chapitre 4 p. 90.

« **Julie** a été déçue par certains de ses amis : quand j'ai quitté Alex, nos voisins se sont ligués contre moi, en prenant fait et cause pour mon ex. Ils ont dit les pires choses sur mon compte, sans réellement savoir ce qui s'était passé entre nous. J'ai été très déçue : des gens qui se disaient mes amis quelques semaines avant me clouaient au pilori et se délectaient de notre rupture. C'est dans ces moments-là que les vraies personnalités se révèlent. Cela m'aura au moins permis de faire le tri entre les vrais amis et les autres. »

- **Les amis qui choisissent leur camp.** Attention, les conjoints se parlent, et l'un et l'autre finissent par savoir ce que les « amis » disent sur lui. Il ne faut jamais juger quelqu'un sur des interprétations ou des propos exprimés sur le coup de la colère, car on ne sait jamais vraiment tout ce qui s'est passé entre les partenaires qui ont décidé de se séparer.
- **Les amis qui vouent leur amitié aux deux partenaires.** C'est le choix le plus logique, mais pas toujours le plus facile à assumer. Parfois, un des ex peut ne pas comprendre que son entourage ne prenne pas partie pour lui et reste en bon terme avec celui qu'il considère comme le fautif dans la rupture.

Si vous figurez parmi ceux qui préfèrent rester amis avec les deux ex-conjoints, gardez en tête ces quelques règles :

- Ne prenez jamais partie pour l'un ou pour l'autre, même si vous avez un préféré.
- Ne jugez pas le comportement de l'un ou de l'autre, vous ne connaissez pas tous les tenants et les aboutissants de la situation.
- Ne parlez pas de l'un à l'autre et inversement, et si l'un d'eux vous demande des nouvelles de l'autre, restez objectif et factuel.
- N'essayez pas de jouer les médiateurs entre eux, ce n'est pas votre négociation.

« On va essayer de recoller les morceaux. »

Dans l'entourage d'un couple qui se sépare, il y a toujours des

« bons samaritains » qui vont essayer de se positionner en médiateurs entre les ex pour essayer de les remettre ensemble. Cela part souvent d'un bon sentiment, mais est généralement contre-productif. S'ils ont pris une telle décision, c'est qu'ils ont eu leurs raisons et elles ne sont pas toujours évidentes pour tout un chacun. Tout le monde y va de son interprétation, pensant faire pour le mieux, mais cela n'avance pas à grand-chose.

Faites-leur comprendre que c'est votre décision, qu'elle a été prise en conscience et que ce qui s'est passé avec votre ex-conjoint ne concerne que vous.

> « **Hilda** a remis sa mère à sa place : quelques jours après ma séparation d'avec mon ami, ma mère est venue chez moi pour essayer de me convaincre que ce n'était pas le bon choix, et que je devais revenir sur ma décision. Nous étions fiancés, elle pensait que cela ne se faisait pas de mettre fin à notre relation à quelques mois du mariage. Je l'ai laissée s'exprimer, et je lui ai dit calmement : « Maman, je te remercie d'être venue jusqu'ici, mais c'est ma décision, je l'assume complètement, et je ne reviendrai pas en arrière. Alors, occupe-toi de tes affaires ! »

Quand les autres se délectent de votre malheur

À côté de ceux qui essayent de recoller les morceaux, on trouve aussi ceux qui puisent leur énergie dans le malheur des autres. Si vous êtes malheureux, ils seront les premiers à venir vous consoler, en enfonçant l'autre si possible.

Il n'y a qu'une solution avec ces personnes : fuir ! Ne restez pas dans leur zone d'influence, ils vous pomperont toute votre énergie au moment où vous en aurez le plus besoin pour vous reconstruire.

> « **Leila** a failli se laisser prendre au piège : quand mon mari m'a quittée, une amie est venue à mes côtés. Elle m'a dit qu'elle était là pour m'aider, que mon mari était un salaud, et elle a passé les journées qui ont suivi à me rappeler tout le mal qu'il m'avait fait. Elle me disait sans cesse : « Ma chérie, mais quel malheur il t'arrive. Te retrouver toute seule, à ton âge. C'est dégueulasse... » En fait, je me suis aperçue qu'elle prenait du plaisir à ma situation, car cela lui permettait d'exister, elle qui avait aussi été quittée par son ami quelques années plus tôt. Et elle venait chez moi pour se « ressourcer ». Je suis partie me mettre au vert pendant quelque temps, sans lui dire où, et j'ai cessé de la voir à mon retour. Cela m'a permis de faire le point objectivement sur la situation et d'avancer. »

Rester clair quant à votre objectif et vos valeurs

Les semaines qui suivent une rupture sont souvent des moments de grand chamboulement dans les relations interpersonnelles. Dans un tel vibrion, il n'est pas toujours facile de garder le cap.

Dans ces moments-là, posez-vous ces questions : quelles sont les valeurs qui guident ma conduite ? Qu'est-ce qui m'anime et dont je suis fier ?

N'hésitez pas à écrire ces valeurs sur une feuille de papier, à réfléchir à ce qu'elles signifient pour vous et comment vous pourriez les mettre en œuvre dans votre quotidien.

Une séparation est un moment marquant dans une vie même quand on est celui qui a souhaité la rupture. Vivre avec un possible sentiment de culpabilité, avec le doute sur le fait que ce choix n'est peut-être pas le bon, en se rappelant les bons moments qu'on passait ensemble sont des épreuves que tous ceux qui sont passés par là connaissent. Profitez-en pour faire un point sur votre vie, vos projets, vos envies, afin de vous reconstruire et de positiver la situation.

« **Stéphane** s'est retrouvé seul face à lui-même : quand j'ai divorcé, j'ai loué un studio près de mon ancien domicile pour pouvoir m'occuper de mes enfants. Alors que je vivais dans une grande maison avec un immense jardin, je me suis retrouvé dans 20 m^2, seul. C'était en hiver, les premiers soirs ont été terribles, je ne pensais pas que l'on pouvait pleurer autant à mon âge. Alors, j'ai affiché deux grands paperboards au mur, avec deux titres : « Mes projets » et « Mes envies ». Je les ai remplis, pendant quelques jours, et j'ai vu que j'avais des tas de choses à vivre, avec mes enfants notamment. Cela m'a redonné de l'énergie et j'ai recommencé à voir la vie du bon côté. »

« Se séparer,
ce n'est pas quitter quelqu'un,
c'est se quitter tous les deux. »
Sacha Guitry

EXERCICE

Quelles sont les valeurs
qui dictent votre conduite ?

QUAND VOTRE EX VOUS POURRIT LA VIE

Le temps de la vengeance peut être compréhensible, mais toutes les bonnes choses ont une fin. Il arrive pourtant qu'un ex n'accepte pas la situation et souhaite rendre la vie impossible à celui/celle qui l'a quitté.

Les bâtons dans les roues du bonheur

Soyons clairs : quand votre ex a décidé de vous pourrir la vie, il/elle va trouver tous les moyens pour vous empêcher d'être heureux de votre côté. Et, en la matière, certains font preuve d'une inventivité sans limites. Dommage qu'ils n'en aient pas fait preuve pour trouver des moyens d'entretenir la flamme…

Parmi les dizaines d'histoires qui nous ont été racontées, voici un florilège des « *best practices* » en la matière :

- utiliser le compte Amazon de l'autre pour lui faire envoyer des dizaines de livres stupides ;
- inscrire l'autre sur un site Internet X en indiquant son numéro de téléphone portable.
- pirater le compte Facebook de l'autre pour inscrire n'importe quoi ;
- pirater la boîte mails de l'autre pour savoir s'il/elle a rencontré quelqu'un ;
- envoyer des mails incendiaires pour faire des reproches sur la façon dont l'autre élève les enfants ;
- modifier sans cesse les week-ends de garde des enfants ;
- changer au dernier moment les dates des vacances quand l'autre a fait toutes ses réservations (variante de la pratique précédente) ;
- appeler les enfants toutes les deux heures quand l'autre les garde le week-end.

Il est fort à parier que vous connaissez d'autres expériences, vécues ou racontées par des proches, de pratiques du même acabit et qui relèvent de l'exploit imaginatif. N'hésitez pas à compléter vous-même la liste !

Pour traiter ce genre de comportements, il existe plusieurs approches :

- dites-lui de vous laisser tranquille, de manière calme et posée. Attention, car si vous manifestez votre exaspération, vous confirmez le fait qu'il/elle a réussi son objectif, et vous le/la motivez à continuer ;
- relevez de manière objective et factuelle ces comportements, sans aucun jugement de valeur, et envoyez-lui par mail. S'il est un tant soit peu conscient de ce qu'il fait, il verra vite le caractère puéril de son attitude ;
- traitez-le/la par le mépris : il/elle va bien finir par se lasser. Si vous savez faire preuve de patience, c'est la bonne stratégie ! Mais s'il/elle est persévérant, bonne chance !

Rester droit dans ses bottes

Face à un tel comportement, tout comme face à la vengeance d'un ex, la tentation est forte de recourir aux mêmes pratiques dolosives. Prenez du recul, évitez de tomber dans le même travers, vous ne feriez qu'entretenir une guerre de position sans fin, de laquelle personne ne sortira indemne. Au contraire, soyez plus malin que votre ex tout en lui faisant comprendre que vous n'êtes pas dupe de ses comportements.

> « **Christina** a un ex-mari qui s'est ingénié à lui pourrir la vie : je suis sidérée par l'énergie que Luc passait à essayer de me mettre des bâtons dans les roues. Il m'a inscrite malgré moi sur des tas de sites de rencontres, il a piraté mon compte sur plusieurs réseaux sociaux, il y a publié des photos de moi en maillot de bain... Tout était bon pour me causer des problèmes. Nous avions pourtant décidé, en nous séparant, de ne pas adopter ce genre de comportements, cela faisait partie des règles du jeu que nous avions posées. Alors, j'ai décidé de le prendre à son propre jeu. J'ai publié sur un de mes comptes la liste des règles que nous avions établies, et j'ai terminé par cette question : « Luc, es-tu sûr de respecter les règles du jeu que nous avions fixées ? Faut-il que je dépose une plainte pour que tu reviennes dans le droit chemin ? » Il a été surpris, je pense, car il a cessé ces actions dès le lendemain. »

Si votre ex s'en prend à vous, restez droit dans vos bottes, et rappelez-lui les règles de vies séparées que vous avez établies. S'il décide de sortir des clous, c'est sa responsabilité, à lui d'en assumer les conséquences personnelles, sociales, voire même pénales.

PEUT-ON RESTER AMIS APRÈS UNE SÉPARATION ?

Le maintien de la relation entre ex-conjoints ou partenaires n'implique pas forcément le maintien de rapports amicaux : on peut continuer à se parler pour élever les enfants, par exemple, sans pour autant s'apprécier. Alors, peut-on malgré tout continuer à garder des relations amicales quand on se quitte ?

« Nous faisons chambre à part, nous allons dîner chacun de notre côté, nous prenons nos vacances séparément ; nous faisons tout ce que nous pouvons pour sauvegarder notre mariage. »
Rodney Dangerfield

« **Anna** est restée en bons termes avec son ex-mari : je crois que nous avons su nous séparer intelligemment. Nous avons rapidement vu que cela ne servirait à rien de se déchirer, si ce n'est à nous faire souffrir. Nous avons donc « négocié » notre séparation en appliquant des règles simples : confiance, franchise, écoute. Tout s'est passé pour le mieux. Aujourd'hui, nous sommes toujours amis. On s'appelle de temps en temps, pour prendre des nouvelles... Nos amis communs ont tous été surpris, et aucun n'a eu à prendre parti car tout s'est déroulé en toute transparence. »

Prenez un peu de temps

La façon dont la rupture va se dérouler sera déterminante dans la poursuite ou non de relations positives et amicales. Gardez donc en tête que votre capacité à négocier intelligemment avec votre futur ex-partenaire ne va pas impacter simplement les semaines qui suivent votre séparation, mais également les prochaines années si vous devez vous revoir régulièrement.

Prenez cependant un peu de temps juste après votre rupture : n'essayez pas de faire comme si de rien n'était, comme si la vie continuait comme avant avec simplement le fait que vous n'êtes plus en couple. Ce n'est pas aussi simple… Même si votre séparation se passe bien, vous allez devoir encaisser le coup, et des émotions ou des sentiments vont venir perturber votre vision objective de la réalité : colère, doute, culpabilité, déception, impuissance mettront votre positivité à rude épreuve. Alors, accordez-vous un peu de temps avant de revoir votre ex « en copain », cela ne pourra que vous aider à relativiser et à poursuivre des relations saines et viables.

> « **Édouard et Linda** sont allés trop vite : j'avais tellement envie que nous restions amis que j'ai proposé à Linda de passer nos vacances ensemble, comme avant, mais juste en copains. Cela a été une vraie mauvaise idée : c'était beaucoup trop tôt, nos nerfs étaient à vif, nous avons passé deux jours à nous faire reproche sur reproche. Linda est partie dès le troisième jour, et j'ai fini les vacances tout seul. Nous aurions dû attendre un peu : à vouloir bien faire, nous nous sommes trompés. »

Faites-en un challenge !

Il est rare d'entendre parler d'un divorce ou d'une rupture qui se passe bien. Les récits de séparation sont plutôt une longue litanie de reproches, de querelles, de difficultés. Choisissez conjointement de ne pas tomber de ce côté de la barrière, et faites de votre séparation un exemple. Un beau challenge à remplir à deux, et une bonne occasion de montrer à tous que se séparer en bonne intelligence, c'est possible.

Les moments de séparation sont parfois l'occasion pour la famille, les proches, l'entourage, de prendre parti pour l'un ou pour l'autre. Alors, montrez-leur que vous êtes au-dessus de ce qui se passe généralement, et que vous pouvez vous séparer sans heurts et en restant proches.
Séparé(e), il est fort probable que vous ayez à un moment ou à un autre un nouveau partenaire amoureux et/ou que votre ex en ait un. Alors, comment le faire entrer dans le jeu ?

Vos nouveaux partenaires et vos ex-conjoints

Vous êtes séparés, mais la vie continue. Le temps d'une vie passée aux côtés de la même personne est certainement révolu, et nous pourrons tous vivre trois, quatre, dix histoires d'amour. Il y a donc fort à parier que vous rencontrerez d'autres partenaires après votre séparation, tout comme votre ex. De nouvelles négociations vont donc pouvoir commencer…

IL/ELLE A QUELQU'UN DANS SA VIE

Pour éviter les difficultés, mettez-vous en tête dès votre séparation que votre ex aura quelqu'un d'autre dans sa vie. Vous n'y pouvez rien, et c'est d'ailleurs mieux ainsi. Il est certain que si votre ex vous a quitté(e) pour un/une autre, vous aurez du mal à l'accepter dans votre nouveau paysage. Donnez-vous un peu de temps, mais vous avez tout intérêt à ce que cela se passe bien…

Son bonheur est aussi le vôtre
Si votre ex est heureux/se parce qu'il/elle a quelqu'un dans sa vie, c'est aussi important pour votre propre équilibre. Imaginez qu'il/elle soit seul(e), qu'il/elle ressasse sans cesse votre rupture sans avoir de nouveau projet de couple : vous risquez de pâtir de cette humeur.

S'il y a des enfants au milieu, cela n'amènera rien de positif, et ils auront aussi à subir les conséquences de ce vide. Alors, si votre ex rencontre quelqu'un, réjouissez-vous pour lui/elle… et pour vous !

« **Alexandre** a vu arriver le nouveau compagnon de son ex-femme avec optimisme : les mois qui ont suivi notre séparation ont été très difficiles pour elle. Elle s'est retrouvée seule dans notre grande maison, avec les enfants. Je sais qu'elle en a souffert et nos relations s'en sont ressenties. Mais quand elle a rencontré son nouvel ami, je l'ai sentie revivre. Elle ne savait pas comment me l'annoncer (même si les enfants m'en avaient parlé), alors j'ai ouvert la porte : « Tu as l'air heureuse, tu as rencontré quelqu'un ? » Cette façon positive de lui permettre de me dire qu'elle n'était plus seule l'a libérée, et tout s'est bien passé. Si elle va bien, les enfants vont bien, et du coup moi aussi ! »

Les effets de comparaison

Attention à ne pas céder aux effets de comparaison quand votre ex va vous annoncer qu'il y a quelqu'un dans sa vie. N'essayez pas de tout savoir pour voir si vous êtes à la hauteur :

« Il est mieux que moi ? »,
« Elle fait mieux l'amour que moi ? ».

Les réponses ne vous apporteront rien. Si votre ex ne veut pas vous blesser, il vous dira toujours que vous êtes mieux que son nouveau compagnon. Et s'il vous dit la vérité et que votre « remplaçant/e » est mieux que vous, vous serez blessé/e. Alors laissez tomber les comparaisons et ne posez pas trop de questions !

« Toutes choses sont bonnes ou mauvaises par comparaison. »
Edgar Allan Poe

NÉGOCIER L'ARRIVÉE DE VOS PARTENAIRES DANS VOS VIES SÉPARÉES

Ces nouveaux entrants dans le paysage vont changer les équilibres établis. Si un seul des ex a quelqu'un dans sa vie, ce sera peut-être difficile à accepter pour l'autre. Mais c'est ainsi, la vie continue, et vouloir nier ou rejeter la réalité n'avancera à rien. Il vaut donc mieux positiver…

Comment l'annoncer à l'autre ?

Annoncer à son ex qu'il/elle a été remplacé n'est pas aisé, car la façon dont vous allez le faire va modifier la perception qu'il en aura. Alors, préparez bien ce moment !
Avant toute chose, si vous retrouvez quelqu'un rapidement, laissez passer un peu de temps avant de l'annoncer à votre ex. Si il/elle apprend que la place est déjà prise, votre ex-partenaire aura l'impression que vous l'avez quitté pour un/une autre et risque de penser que vous lui avez menti en omettant de lui en parler.
Ensuite, allez-y doucement : inutile de raconter toute la vie de votre nouvel amour en long, en large et en travers, même si vous en mourez d'envie. Restez sobre, presque laconique, pour permettre à votre ex d'accuser le coup. Répondez aux questions qu'il/elle pourra vous poser, mais n'en faites pas trop. Ne vous vengez pas en mettant en avant tous les atouts de votre nouveau partenaire, cela ne servirait qu'à flatter votre ego et n'apportera rien à votre relation avec votre ex.

> « **Sylvia** a voulu se venger de son ex : il m'a quittée pour une autre, alors quand j'ai rencontré quelqu'un, je ne me suis pas gênée pour lui dire à quel point il était extraordinaire. J'en ai même rajouté, j'ai attribué à mon nouveau mec toutes les qualités du monde. Là, j'ai vu que mon ex accusait le coup. J'ai regretté par la suite, c'était stupide, et cela ne m'a finalement pas fait plaisir. »

Si votre ex connaît votre nouveau/nouvelle partenaire, la situation peut se compliquer. N'hésitez pas à y mettre les formes, car c'est toujours difficile de savoir que l'on a été remplacé par quelqu'un qu'on connaît. Attendez-vous à ce que les relations se tendent un peu…
Il se peut aussi que votre ex soit jaloux/se de votre bonheur nouveau, et fasse tout pour vous pourrir la vie[5]. Croisez les doigts pour qu'il/elle rencontre à son tour quelqu'un…

Ils/elles se rencontrent… pour le bien de tous !
Pour maintenir des relations stables, n'hésitez pas à négocier la rencontre entre votre ex et votre nouveau/nouvelle ami(e), surtout si vous avez des enfants en commun. En effet, vos enfants vont passer du temps chez vous et donc avec votre nouveau conjoint. Autant se connaître pour s'assurer que tout le monde est sur la même longueur d'ondes.

> “ **Paul** a organisé la rencontre de Caroline et Sophie : peu de temps après avoir divorcé, j'ai rencontré Sophie. Mes enfants ont fait sa connaissance un week-end, et tout s'est bien passé. Caroline, leur mère, m'a demandé si elle pouvait la rencontrer également : « Comme elle va s'occuper de mes enfants quand ils seront avec toi, j'aimerais la connaître. Je serais plus rassurée. » Elles se sont vues quelques minutes, en tête à tête, et tout s'est bien passé. Depuis, tout va bien. ”

Mes enfants sont des enfants de divorcés… et alors ?

Très longtemps, être un enfant de divorcé était une calamité. Comment allaient réagir les camarades de classe ? les amis ? les professeurs ? Aujourd'hui, l'augmentation du nombre des divorces banalise un peu le phénomène, même si, pour les enfants, un divorce est toujours un véritable séisme.

[5] Voir p. 153.

En 2011, une étude INSEE[6] indiquait qu'en France métropolitaine, 2,24 millions d'enfants étaient des enfants de couples divorcés, soit 16 % des enfants mineurs. Selon la même étude, sur les 13,7 millions de mineurs, 1,5 million vivait dans une famille recomposée : 940 000 avec un parent et un beau-parent, 530 000 avec leurs deux parents et leurs demi-frères ou demi-sœurs.

Avec une telle alchimie et l'implication d'une multitude de parties prenantes (parents, beaux-parents, demi-frères et sœurs, grands-parents…), on comprend aisément l'intérêt de savoir négocier avec tout le monde pour faire émerger les compromis de la vie quotidienne.

LE BONHEUR DE NOS ENFANTS N'EST JAMAIS NÉGOCIABLE

Le plus beau projet que peuvent entretenir des partenaires, c'est l'éducation de leurs enfants. Et, fort heureusement, ce projet ne cesse pas même si le couple se sépare : il perdure et constitue le dénominateur commun qui maintient le lien entre les ex. Certains perdent parfois de vue cet objectif collectif, il n'est donc pas inutile de leur rappeler régulièrement ce pourquoi toutes les parties prenantes ont intérêt à s'entendre : le bonheur de nos enfants n'est jamais négociable.

Les règles communes dans des vies séparées

S'il est une question sur laquelle on ne peut transiger, c'est celle du bonheur et du bien-être de nos enfants. Alors, comment négocier des règles communes dans des vies séparées pour tout ce qui concerne l'éducation des enfants[7] ? Quelques règles simples sont à établir pour s'assurer qu'il existe une cohérence entre ce qui se passe chez maman et ce qui se passe chez papa :

- **Entendez-vous sur des règles communes :** cela va sans dire, mais cela va tellement mieux en le disant ! Ne considérez pas la façon d'éduquer en commun comme acquise : il faut formaliser les règles qui vont s'appliquer à la fois chez papa et chez maman. S'il existe le moindre doute, faites confiance à vos enfants pour s'y engouffrer très vite.

---

[6] www.insee.fr.

[7] Laurent Combalbert, *Devenez meilleur négociateur que vos enfants !*, Issy-les-Moulineaux, ESF Éditeur, 2013.

- **Ayez les mêmes cadres de négociation :** dans toute négociation, il existe trois cadres qu'il est impératif de définir dès le début. Il faut être au clair sur ce qui est négociable, ce qui est non négociable sauf situation exceptionnelle, et ce qui n'est jamais négociable quoi qu'il arrive. C'est le cas dans la négociation dans le couple[8], il en est de même pour tout ce qui relève de la négociation avec les enfants[9] : « Chez maman comme chez papa, c'est la même chose : s'il y a école demain, tu vas au lit à 20 h 30. »

- **Répartissez-vous les rôles entre décideur et négociateur :** comme dans toute négociation bien préparée, le décideur n'est pas le négociateur. Sur certains sujets, c'est papa ou maman qui décide, et inversement pour d'autres thèmes. Cela permet à celui qui joue le rôle de négociateur de pouvoir garder un recours : « Pour la pratique du sport, c'est papa qui décide. Je vais voir avec lui si tu peux arrêter le judo, mais il ne va pas vouloir que tu cesses toute activité sportive. Que veux-tu faire à la place ? »

- **Appelez-vous en cas de doute :** si vous ne savez pas ce que l'autre déciderait à votre place, téléphonez-vous ! Cela évitera les interprétations. « Arthur veut sortir ce week-end pour aller dormir chez des copains. J'ai envie de dire oui, tu es d'accord avec moi ? »

- **Ne changez pas les règles de manière unilatérale :** si l'un des ex-conjoints modifie les cadres de négociation sans prévenir l'autre, cela revient à considérer que tout est négociable. C'est la porte ouverte à la négociation permanente, et cela deviendrait vite intenable.

> « **Martine et Laurent** se téléphonent souvent : nous nous appelons régulièrement pour nous accorder sur ce que nous disons aux enfants. Nous sommes divorcés depuis plus de dix ans, mais nous n'avons jamais dérogé là-dessus. Il ne doit pas exister le moindre écart entre nos propos respectifs, car nous avons deux garçons très malins qui sauraient utiliser immédiatement le moindre intervalle à leur profit. »

[8] Voir chapitre 2, p. 59 et suivantes.
[9] Voir ci-dessous.

Mettre les papis et les mamies dans le jeu

Les règles de vies séparées doivent aussi être étendues aux ex-belles familles. La façon d'éduquer les enfants s'applique aussi aux grands-parents. Et ce sont aux ex-conjoints de fixer ensemble les règles, qui s'appliqueront chez leurs parents respectifs.

> « **Martha** a dû tempérer sa mère : après mon divorce, ma mère m'a à nouveau considérée comme son bébé et s'est imaginé que j'étais dévastée, incapable de m'occuper de mes enfants. Elle s'est mise en tête de changer les règles que j'avais établies avec leur père. Je n'avais pas mon mot à dire, elle faisait cela pour mon bien et pour celui des petits, disait-elle. J'ai vite mis un frein à ses ardeurs, en lui rappelant certes que j'étais séparée du papa des enfants, mais que nous étions tous les deux en charge de leur éducation et que nous étions tout à fait capables de fixer nous-mêmes les règles du jeu. »

Que faire quand votre ex ne joue pas le jeu ?

Il peut arriver qu'un des ex ne respecte pas les règles établies en commun, ou qu'il refuse carrément de les définir. C'est une situation très compliquée, dans laquelle la seule issue crédible est de faire accepter à celui qui ne respecte pas ses engagements que l'objectif commun, c'est le bien-être des enfants. Sans objectif commun, pas de réelle négociation possible.

Il existe plusieurs raisons qui peuvent pousser un/une ex à sortir du cadre fixé :

- **La vengeance :** tout est bon pour vous embêter. Rappelez-lui que le bonheur des enfants n'est pas négociable.
- **La perversion :** il/elle fait du mal pour faire du mal. Cela relève de la pathologie, conseillez-lui d'aller voir un psy. Attention, les pervers sont souvent persuadés qu'ils sont plus forts que les psy, pour ne pas avoir à affronter leurs propres problèmes…
- **Le manque de maturité :** il/elle peut ne pas s'apercevoir que le respect des règles est important pour les enfants. Faites de la pédagogie avec lui/elle…

• **L'oubli :** s'il/elle est étourdi(e), rappelez-lui patiemment les règles de base.

• **L'envie d'être aimé :** pour que ses enfants l'aiment, l'ex décide de leur laisser faire tout ce qu'ils veulent. Pas de contraintes, pas de limites, tout est négociable. Attention, c'est un comportement qui se paiera cash à l'adolescence, et il sera un peu tard pour rappeler qu'il y a des comportements inacceptables.

> « **Irène** vit un calvaire avec son ex-mari : mes enfants passent un week-end sur deux chez leur père. Quand ils sont chez lui, ils peuvent tout faire : veiller très tard le soir, passer la journée devant les jeux vidéo, manger n'importe quoi. Rien n'est trop beau pour qu'ils aient envie d'aller chez leur père, c'est n'importe quoi ! Quand je les récupère le dimanche, ils sont insupportables, fatigués, les devoirs ne sont jamais faits. Alors, bien sûr, je suis la méchante, et mon ex, le gentil. Mes enfants veulent aller vivre chez lui : si j'accepte, cela sera ingérable pour eux, et ce n'est pas leur rendre service pour l'avenir. »

NÉGOCIER AVEC LES ENFANTS

Négocier avec des enfants qui vivent chez deux parents séparés, c'est avant tout fixer les cadres de négociation, résumés également sous le terme « terrain de négociation ». Le terrain de négociation est un système qui ne cesse d'évoluer et de se modifier en fonction du temps, des concessions faites dans la durée et de la maturité des enfants. Plus les cadres de référence sont éloignés, plus les négociations sont complexes car elles nécessitent de créer un terrain commun s'appuyant sur un dénominateur commun, forcément étroit quand les acteurs sont trop différents. Entre parents séparés, le terrain de négociation doit être en tout point identique pour fonctionner efficacement.

Les cadres de négociation
Les trois cadres de négociation, déjà évoqués dans cet ouvrage[10], sont à remplir conjointement par les deux parents et expliqués très clairement aux enfants pour éviter les malentendus ou les tentatives de négociation intempestives.

EXERCICE

Les trois cadres de négociation

	Négociable	Non-négociable	Jamais-négociable
Relations avec les autres enfants de la famille			
Relations avec les autres enfants de leur père/mère			
Comportements quotidiens à la maison			
Rangement de la chambre et des jeux			
Vocabulaire et expressions utilisées			
Horaires de lever, de repas, de coucher			
Autres			

La distinction entre négociable, non-négociable et jamais-négociable doit faire l'objet d'explications : un enfant ne peut pas intégrer des règles floues ou ambiguës.

[10] Voir chapitre 2, p. 59 et suivantes.

Les cadres de négociation doivent être partagés entre tous les acteurs susceptibles de négocier avec les enfants :

- **Le père et la mère :** chaque parent doit rester ferme. Si on déclare un sujet jamais négociable et que l'on revient dessus pour finalement accepter de transiger, on perd sa crédibilité et on ouvre la porte à toutes les négociations, sur tous les sujets.
- **Les grands-parents :** au même titre que les parents, ils doivent être alignés sur ce que l'on peut discuter et ce que l'on ne négocie jamais. Quand le non-négociable est différent chez les grands-parents, il doit faire l'objet d'une clarification préalable avec les parents. Le jamais-négociable, lui, doit être le même partout.
- **Les nouveaux conjoints des parents séparés :** ils doivent faire leurs les règles édictées par les parents, même s'ils n'y adhèrent pas personnellement.
- **Tous ceux qui ont de l'influence sur la négociation avec les enfants :** les amis de la famille qui n'ont pas les mêmes valeurs que les parents, par exemple. Il est important qu'ils sachent que, même s'ils n'y adhèrent pas à titre personnel, certains sujets ne sont pas susceptibles d'être négociés par les enfants, dans leur intérêt.

AUTODIAGNOSTIC

Avez-vous un cadre de négociation ?

Répondez le plus spontanément possible aux questions suivantes en cochant les cases de 1 à 10 (1 : Ce n'est pas du tout mon cas ; 10 : C'est tout à fait moi).

	1	2	3	4	5	6	7	8	9	10
« Celui qui ne sait pas où il va n'est pas prêt d'arriver. » Sénèque										
Je donne de l'importance au bon sens dans mon quotidien.										
La préparation permet de réduire l'incertitude.										
Je sais quelles sont les valeurs que je souhaite transmettre à mes enfants.										
J'ai conscience que chacun voit le monde avec son propre modèle.										
Je sais clairement ce qui n'est jamais négociable dans l'éducation de mes enfants.										
Je sais ce que je peux lâcher facilement quand je négocie avec mes enfants.										
Je sais dire « non », quand il le faut, même si cela ne me fait pas plaisir.										
Je partage mes valeurs avec les membres de mon entourage.										
J'ai identifié les étapes du déroulement d'une négociation et j'en maîtrise les rituels.										
Je sais différencier la demande exprimée et l'objectif réel quand je négocie avec mes enfants.										
Les règles applicables dans les négociations avec mes enfants sont clairement exprimées.										
Je ne mens jamais quand je négocie.										
Je ne bluffe pas sur les sujets importants.										

RÉSULTATS :

Les croix entre 7 et 10 indiquent vos atouts dans votre capacité à fixer un cadre de négociation.
Les croix entre 4 et 6 indiquent vos points forts qui ne demandent qu'à être perfectionnés pour vous rendre encore plus efficace.
Les croix entre 1 et 3 indiquent vos points d'amélioration et les thèmes sur lesquels vous devez être attentif quand vous établissez un cadre de négociation.

Quand chaque partenaire a ses propres enfants

Dans les familles recomposées, il n'est pas rare de voir deux conjoints vivre avec leurs enfants respectifs nés d'unions précédentes, ce qui engendre des négociations parallèles pas toujours faciles à mettre en œuvre :

- les règles d'éducation et de négociation doivent être établies, et donc négociées, entre les parents respectifs de chaque enfant ;
- ces règles doivent ensuite pouvoir s'imbriquer dans les règles déjà négociées entre le nouveau conjoint du parent séparé et son propre ex-conjoint, avec lequel il a ses propres enfants ;
- ces règles doivent ensuite pouvoir s'imbriquer dans les règles déjà négociées entre l'autre nouveau conjoint de l'autre parent séparé et son propre ex-conjoint…

Si vous êtes perdu(e) entre toutes ces négociations parmi tous ces nouveaux et ex-conjoints, voici quelques règles de vie simples qui peuvent s'appliquer pratiquement partout :

- ne critiquez pas les règles de vies séparées ou d'éducation de votre nouveau conjoint devant ses enfants ou vos propres enfants ;
- vos enfants respectifs peuvent ne pas s'entendre, cela ne doit pas impacter votre relation amoureuse, sachez prendre du recul ;
- ne prenez pas partie dans les conflits entre vos enfants respectifs, traitez les problèmes de manière objective et factuelle ;
- ne traitez pas mieux les enfants de votre nouveau conjoint que les vôtres pour avoir son amour, vous risquez de devenir injuste avec vos propres enfants ;
- ne jugez jamais l'ex de votre nouveau partenaire devant les enfants ;
- acceptez que nous avons tous nos propres valeurs, et qu'il n'y en a pas une supérieure aux autres.

La vie d'une famille recomposée n'est jamais simple, mais c'est une aventure formidable quand il existe un minimum de règles communes. Comme toute vie en communauté, elle nécessite que chacun fasse un bout de chemin vers les autres et accepte de faire quelques compromis pour que les choses se passent bien. En reconnaissant qu'il existe des sujets jamais négociables mais que l'on peut débattre sur d'autres, les parties prenantes participent au maintien de l'équilibre collectif. La négociation est un excellent outil de création de valeur ajoutée : en privilégiant l'écoute, le dialogue, le respect des valeurs de chacun, elle permet de créer un objectif commun supérieur à la somme des intérêts individuels. Le Graal du négociateur ! Une séparation n'est pas une fatalité, elle est l'occasion d'un nouveau départ, d'une nouvelle vie, à condition que les règles de vies séparées soient clairement posées pour le bien de tous. N'oublions pas que, sans objectif commun, il n'y a pas de négociation. Et pour ceux qui se séparent en ayant des enfants, quel plus bel objectif commun peut-on trouver que le bonheur et le bien-être de notre progéniture ?

Conclusion

Arrivé au terme de cet ouvrage, je peux maintenant livrer une expérience plus personnelle : bien qu'étant un négociateur professionnel depuis plus de quinze ans, j'ai divorcé deux fois, avec à chaque fois deux enfants au sein du couple.

J'en suis arrivé à la conclusion suivante : la séparation n'est pas une fatalité, elle est un virage, un changement de cap que doivent parfois prendre les partenaires amoureux quand les objectifs communs varient, quand les envies évoluent ou que la vie crée des rencontres qui changent tout.

J'ai la prétention de dire que j'ai connu deux divorces intelligents, avec des ex-conjoints responsables et conscients du fait qu'il n'y a pas de meilleure raison de s'entendre que les enfants issus des unions qui ont existé. J'ai aujourd'hui quatre enfants formidables, à qui je m'efforce de faire comprendre que tout est négociation, et que négocier, c'est se mettre à l'écoute de l'autre, dans le respect, la confiance, pour créer la valeur ajoutée d'un objectif commun et partagé.

De la séduction à la séparation, tout est négociation ! Toute relation entre deux amants, des premiers instants jusqu'au jour où tout s'arrête, est l'objet d'échanges et de discussions sur tous les sujets de la vie, des plus quotidiens aux plus fondamentaux.

Les conflits sont fréquents, mais le conflit, ce n'est pas le combat. N'oublions pas : quel est le prix de ne pas négocier pour trouver un accord satisfaisant pour tout le monde ?

Vos outils et astuces de bon négociateur

Bibliographie

Combalbert Laurent, *Devenez meilleur négociateur que vos enfants !*, Issy-Les-Moulineaux, Esf Éditeur, 2013.

Delahaie Patricia, *Comment guérir du mal d'amour, de la rupture à la reconstruction en 5 étapes*, Paris, Quotidien Malin, Leduc.S Éditions, 2010.

Francoscopie 1999 : Comment vivent les Français, Paris, Larousse, 1998.

Hite Shere, *Rapport Hite sur les femmes et l'amour*, Paris, Stock, 1987.

Lelord François, André Christophe, *Comment gérer les personnalités difficiles*, Paris, Odile Jacob, 2000.

McCandless David, *Datavision*, Paris, Robert Laffont, 2011.

Menendez-Aponte Emily, Alley R.-W., *Le divorce. Comment aider les enfants à passer le cap*, Strasbourg, Éditions Du Signe, 2009.

Mery Marwan, *Manuel de négociation complexe*, Paris, Eyrolles, 2013.

Picard Dominique, Marc Edmond, *Petit Traité des conflits ordinaires*, Paris, Seuil, 2006.

Achevé d'imprimer en mars 2014
par Dimograf, Bielsko-Biala, Pologne